# À plus!
## Nouvelle édition

# 1

## Carnet d'activités   Junior 1
### Mit Förderheft

> Liebe Schülerin, lieber Schüler!
> Wenn du das eingelegte Heft mit den Förderübungen verloren hast,
> kannst du es dir downloaden.
> Gehe auf **www.cornelsen.de/webcodes** und gib folgenden Webcode ein:
> **APLUS-1-JUNIOR1-EXTRAHEFT.**

*À plus!* **1** *Nouvelle édition*
Carnet d'activités  Junior 1

Im Auftrag des Verlages erarbeitet von: Catherine Mann-Grabowski, Gertraud Gregor, Catherine Jorißen
Projektleitung: Julia Goltz
Redaktion Französisch: Vanessa Cousin, Almut Keller, Marie-France Lavielle, Aïsha Hellberg (Assistenz)
Bildassistenz: Nadja Hantschel, Christiane Ulrich
Umschlaggestaltung und Layoutkonzept: werkstatt für gebrauchsgrafik, Berlin
Layout und technische Umsetzung: graphitecture book, Rosenheim
Illustrationen: Laurent Lalo, Yayo Kawamura, Christian Badel, Berlin
Tonaufnahmen: Eurodvd, Paris; MK Audio, Berlin; Sören Schrader, Berlin
Filmproduktion: buzz productions, Paris, im Auftrag des Verlages

**Bildquellen**
© colourbox: S. 20 (2 sacs pour câbles) – © Cornelsen Verlagsarchiv: S. 68 (unten links); Denimal/Uzel: S. 7 (oben, unten links, Mitte, rechts); S. 15 (oben, Mitte, unten); S. 36 (links, rechts); S. 48 (oben links, oben rechts); Schulze: S. 13 (8) – © Fotolia.com: S. 13 (1, 5); S. 68 (rechts); Andres Rodriguez: S. 53 (5. von oben); bryanjhall: S. 64 (4B); carmeta: S. 64 (3A); Eric Isselée: S. 53 (2. von oben); Fotoimpressionen: S. 43 (B); Mellimage: S. 43 (E); Olivier Beraud: S. 43 (H); Peter Atkins: S. 64 (2C); porkiepie: S. 43 (G); Sascha Burkard: S. 53 (6. von oben); Sergey Ivanov: S. 53 (3. von oben); Siberia: S. 53 (1. von oben); Simone van den Berg: S. 53 (4. von oben); The Dragon: S. 43 (J) – © iStockphoto: S. 48 (2, 3); S. 72 (rechts); anton albert: S. 52; Garrett Nudd: S. 43 (unten rechts); Mike Dabell: S. 43; Olga Ivanova: S. 43 (I); Pavel Timofeyev: S. 43 (unten links) – © panthermedia.net/Bernd Kunst:

S. 43 (D); Design Pics: S. 64 (1B) – © shutterstock: S. 68 (Mitte links); Adadurov: S. 64 (2A); Benis Arapovic: S. 56 (oben); CLS Design: S. 64 (2B); dotshock: S. 64 (4A); dr OX: S. 43 (A); Elena Elisseeva: S. 43 (F); Little_Desire: S. 64 (3C); lsantilli: S. 64 (4C); Patrik Mezirka: S. 64 (3B); PhotoSky 4t com: S. 64 (1A); Sergios: S. 64 (1C)
© Alamy: S. 68 (links oben) – © ALIMDI.NET/uwe umstaetter: S. 48 (4) – © Collection Christophel: S. 56 (Mitte) – © Corbis/Philippe Caron/Sygma: S. 13 (3) – © Inter IKEA Systems B.V.: S. 20 (lampe de table, table, range-revues, rangement accessoires bureau, pêle-mêle 7 photos) – © La Montagne des Singes: S. 73 – © mauritius images: S. 48 (1); age: S. 13 (2); Alamy: S. 87; Enzinger: S. 13 (6); imagebroker/Niehoff: S. 72 (links); Photononstop: S. 13 (4) – © Service Photo de la Mairie de la Ville de Levallois: S. 13 (7)
**Illustration:** © Bayard Presse S.A.: S. 28

## Symbole und Verweise

| | |
|---|---|
| **CD** 2 | Hörtext auf der CD-Extra (z. B. Track 2) |
| **DVD** 3 | Film auf der DVD (z. B. Filmsequenz 3) |
| 👥 | Partnerarbeit |
| 👥👥 | Gruppenarbeit |
| 🇩🇫 | Sprachmittlungsübung |
| ✎ | Schriftliche Übung |
| P F | Portfolio |
| ◯ | *Differenzierung:* leichtere Übung |
| ◉ | anspruchsvollere Übung |
| ▶ | Verweise auf das Lehrbuch |

**www.cornelsen.de**

Alle Drucke dieser Auflage sind inhaltlich unverändert und können im Unterricht nebeneinander verwendet werden.

Druck: Himmer AG, Augsburg

CD-/DVD-Produktion: optimal media GmbH

1. Auflage, 2. Druck 2014
Schülerheft
ISBN 978-3-06-520151-3

1. Auflage, 2. Druck 2014
Lehrerfassung
ISBN 978-3-06-520154-4

> Salut! Ich heiße Filou und begleite dich durch dein Arbeitsheft.

QU'EST-CE QUE TU SAIS DÉJÀ?   facultatif

**LA RENTRÉE**

CD 2   **1**   Qu'est-ce qui va ensemble? Écoute et relie. | Weißt du, wie diese Gegenstände heißen? Hör zu und verbinde jeden Gegenstand mit dem passenden Wort.

Du hast bereits in der Grundschule Französisch gelernt? Dann bist du hier richtig! Löse die Aufgaben und zeige, was du schon kannst.

*Qu'est-ce que tu sais déjà?* heißt „Was weißt Du schon?"

---

Unité **1**   **La rentrée**

**VOLET 1**

Ecouter et comprendre

CD   **1**   Hör zu und suche zu jedem Dialog das passende Bild. Schreibe die Nummer des Dialogs in das Bild.

Hier bearbeitest du weitere Übungen passend zum Lehrbuch.

*Unité 1* heißt „Kapitel 1" oder „Lektion 1"

---

Ecouter et comprendre

CD

Die Hörtracks findest du auf der CD-Extra hinten im Arbeitsheft (z. B. Track 2). Dort findest du außerdem alle Lehrbuchtexte (*Unités* und *Modules*) zum Anhören im mp3-Format. So kannst du wiederholen, was ihr im Unterricht gehört und gelesen habt.

*Écouter et comprendre* heißt „Hören und Verstehen".

---

Regarder et comprendre

DVD

Die Filmsequenzen findest du auf der DVD hinten im Arbeitsheft (z. B. Filmsequenz 3).

*Regarder et comprendre* heißt „Sehen und Verstehen".

---

FAIS LE POINT

Hier kannst du am Ende jeder Unité selbstständig überprüfen, was du gelernt hast und ob alles schon richtig sitzt. *Fais le point* heißt „Überprüfe dich".

**Annexe**

Solutions Fais le point

Die Lösungen der *Fais le point*-Seiten findest du auf den Seiten 80–83.

*Solutions* heißt „Lösungen"

---

**1**

Unite 1

**1**   Qu'est-ce qu'on dit?

Ordne zu und schreibe die Sätze auf.

**1**   Salut, Alex!   Bonjour, Madame!

Es ist noch nicht alles richtig? Übe weiter! Förderübungen findest du im eingelegten Extraheft. Die Lösungen dazu sind auch auf deiner CD-Extra.

---

**Was kann ich?**   **Wie lerne ich?**

Altersangaben (bis 20) und Uhrzeiten (volle Stunden) verstehen
Fragen über mich, meine Familie, meine Freunde, mein Zimmer, unsere Wohnung und meine Hobbys verstehen
ein einfaches Gespräch (über Familie, Haustiere, Zimmer, Wohnung, Hobbys) verstehen
die Anweisungen meines Lehrers / meiner Lehrerin im Unterricht verstehen
verstehen, wenn sich jemand mit mir am Telefon verabreden möchte

ob ich ein ähnliches Wort schon in einer anderen Sprache kenne
ob Bilder und Fotos mir helfen können, das Wort zu verstehen

Am Ende des Schuljahres kannst du auf den Seiten 85—87 selbstständig überprüfen, was du in diesem Jahr alles gelernt hast.

---

> Viel Erfolg beim Französischlernen – und viel Spaß!

# LA RENTRÉE

**CD 2**

**1** Qu'est-ce qui va ensemble? Écoute et relie. | Weißt du, wie diese Gegenstände heißen? Hör zu und verbinde jeden Gegenstand mit dem passenden Wort.

1. la fenêtre    2. la porte    3. le tableau    4. la table    5. la chaise    6. la trousse    7. le crayon

8. le stylo    9. la gomme    10. les ciseaux    11. la règle    12. le livre    13. le cahier    14. le sac à dos

**CD 3**

**2** Qu'est-ce qu'il y a dans la salle de classe de Léo? Écoute et coche. | Was gibt es in Léos Klassenraum? Hör zu und kreuze an. Achtung, vier Bilder sind zu viel!

**3 a** Qu'est-ce qui va ensemble? Relie. | Welches Nomen reimt sich mit welchem Namen? Sprich die Wörter laut aus und ordne jedem Kind das passende Nomen zu.

a le stylo        b la colle        c le cahier        d le crayon

**CD 4**

**b** Écoute et compare. | Hör zu und überprüfe deine Lösung aus **a**.

**CD 5**  **4**  Écoute et trouve les mots. | Hör zu und finde die neun Wörter. Markiere sie und schreibe sie auf.

| X | Ç | A | D | I | S | N | O | P | I | G | E |
|---|---|---|---|---|---|---|---|---|---|---|---|
| A | É | L | È | V | E | S | G | T | L | A | X |
| P | I | O | C | H | A | U | C | O | U | R | V |
| M | U | F | I | L | L | E | N | A | F | Ç | O |
| H | P | B | U | S | X | O | L | L | T | O | R |
| I | R | É | C | R | É | A | T | I | O | N | G |
| U | O | X | B | A | C | O | G | H | E | P | A |
| S | F | R | A | N | O | T | È | P | S | U | M |
| R | V | U | R | C | L | A | S | S | E | F | I |
| B | I | C | H | X | E | V | P | A | S | M | Q |

_____
_____
_____
_____
_____
_____

**CD 6**  **5**  Écoute et retrouve l'ordre des images. | Schau dir die Bilder an und hör zu. Finde die Reihenfolge der Bilder wieder und notiere die entsprechende Zahl (1, 2, 3 oder 4).

 A  B  C  D

**CD 7**  **6**  Écoute et complète les phrases. | Hör zu und ergänze die Sätze. Schreibe in die Backformen hinein.

1  Bonjour!  Alex.

2   Marie.

3  Salut! ⬭, ⬭ Léo.

4  Bonjour! ⬭  Sophie.

 **7**  Présente-toi à ton/ta partenaire. | Stell dich deinem Lernpartner / deiner Lernpartnerin vor. Sage, wer du bist, wie alt du bist, in welche Klasse du gehst, wie dein neuer Lehrer / deine neue Lehrerin heißt und wer dein Freund / deine Freundin ist.

 **8**  Quels mots est-ce que tu connais encore? | Welche Wörter kennst du noch? Lege alles, was du in deinem Rucksack und deiner Federtasche auf Französisch benennen kannst, auf den Tisch und stell es auf Französisch vor.

## VOLET 1

### Écouter et comprendre

**CD 8** **1** Hör zu und suche zu jedem Dialog das passende Bild. Schreibe die Nummer des Dialogs in das Bild.

### Écrire

**2** Welches Wort passt in welche Backform? Achte darauf, ob die Buchstaben nach oben oder nach unten herausragen, und ob es Punkte oder Akzente auf den Buchstaben gibt. Schreibe dann das Wort in die entsprechende Backform hinein.

> ça va ~~bof~~ super au revoir
> bonjour à demain

1. b o f
2.
3.
4.
5.
6.

**3** Sépare les mots et écris les dialogues. | Trenne die Wörter voneinander und schreibe die Dialoge auf. Denke an die Satzzeichen.

**A** SALUTJADEÇAVASUPERETTOI

Noah _____

Jade _____

**B** AUREVOIRMADAMEÀDEMAINJADE

Jade _____

La prof _____

**4** Et toi, ça va? Réponds. | Und wie geht's dir? Schreibe deine Antwort in die Sprechblase.

 Salut, ça va?

_____

## Regarder et comprendre

DVD
1 **5 a** Regarde la séquence. Coche la bonne réponse. | Schau dir die Sequenz an. Begrüßen oder verabschieden sich die Personen in den Szenen? Kreuze an.

|  | Szene 1 | Szene 2 | Szene 3 | Szene 4 | Szene 5 | Szene 6 | Szene 7 |
|---|---|---|---|---|---|---|---|
| Begrüßung |  |  |  |  |  |  |  |
| Verabschiedung |  |  |  |  |  |  |  |

DVD
1 **b** Regarde la séquence encore une fois. Coche la bonne réponse. | Schau dir die Sequenz noch einmal an. Kreuze die richtige Antwort an.

1. Der Name der Schule lautet

a ☐ Maxime Alexandre
b ☐ Pierre Mendès France
c ☐ Marie-Laurine

2. Welche Flaggen erkennst du in der Sequenz?

a ☐   c ☐

b ☐  d ☐

DVD
1 **c** Complète. | Ergänze. Was antworten die Jugendlichen auf die Frage „Ça va"?

Super!   Ça va.   Bof.

_____

_____

_____

Laurine

Nicolas

Anissa

# VOLET 2

## Lire et comprendre

**1** Retrouve les deux dialogues et écris-les dans ton cahier. | Stelle die zwei Dialoge wieder her und schreibe sie in dein Heft.

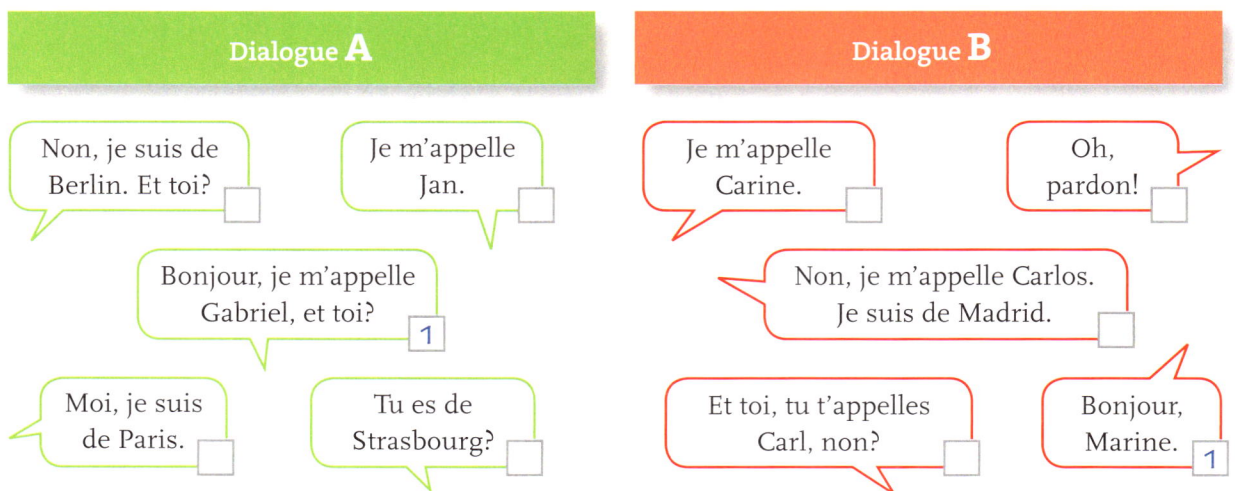

| Dialogue **A** | Dialogue **B** |
|---|---|

**Dialogue A:**
- Non, je suis de Berlin. Et toi? □
- Je m'appelle Jan. □
- Bonjour, je m'appelle Gabriel, et toi? 1
- Moi, je suis de Paris. □
- Tu es de Strasbourg? □

**Dialogue B:**
- Je m'appelle Carine. □
- Oh, pardon! □
- Non, je m'appelle Carlos. Je suis de Madrid. □
- Et toi, tu t'appelles Carl, non? □
- Bonjour, Marine. 1

## Écouter et comprendre

CD
9

**2** Woher kommen die Schüler? Hör zu und schreibe die richtigen Orte auf die Schilder.

| **a** Berlin | **b** Hambourg | **c** Lille | **d** Lyon |
|---|---|---|---|
| | **e** Paris | **f** Strasbourg | |

Leonie    Mathéo    Alice    Faiza    Louis    Axel

## Vocabulaire

**3** Complète. | Löse das Kreuzworträtsel und finde das Lösungswort.

1. C'est la **1** . Voilà la **2** de sixième A. Et voilà Monsieur Martel, le **3** de **4** .
2. – Bonjour, Lara.
   – Je m' **5** Clara. Clara **6** un C.
   – Ah, **7** !

Lösungswort: ☐☐☐☐☐ , Clara.

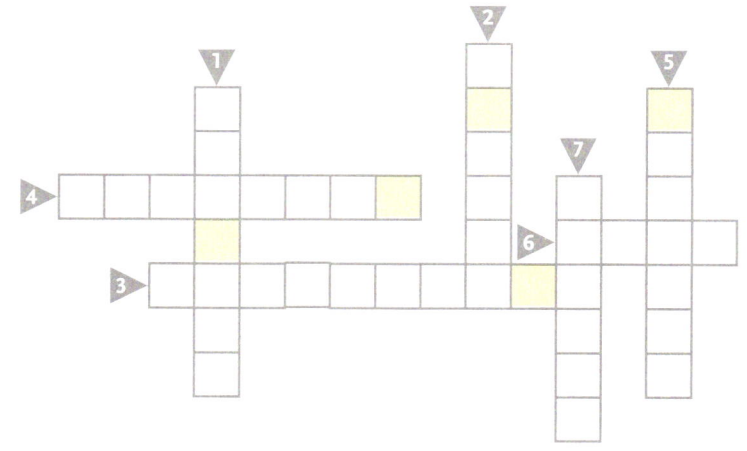

## Grammaire

**4** Complète. | Setze die richtigen Pronomen vor die Verbformen.

1. – C'est Lukas.

   – _____ est de Strasbourg?

   – Non, _____ est de Berlin.

2. – Léa est de Paris?

   – Non, _____ est de Lille.

3. – _____ t'appelles Lola?

   – Non, _____ m'appelle Laura.

**5** Complète. | Ergänze mit den richtigen Formen von *être*.  (▶ Repères, p. 23/2)

1. – Salut, je m'appelle Clara et je _____ de Strasbourg. Et toi, tu _____ de Strasbourg?

2. – Non, je _____ de Colmar. Et Lukas?

3. – Il _____ de Berlin.

4. – Et là, c' _____ Yasmine. Elle _____ de Strasbourg!

## Écrire

**6 a** Mais qu'est-ce qu'ils disent? Retrouve les phrases et complète les dialogues. | Finde die Sätze wieder und ergänze die Dialoge.

Tu t'appelles comment?

Je m'appelle Lisa Klamand, Monsieur.

Klamandt avec DT, non?

Non, Monsieur, avec un D. K-L-A-M-A-N-D.

Ah, pardon!

Ah, très bien!

Je suis de Berlin.

**b** Compare avec ton/ta partenaire et jouez la scène. | Überprüft eure Lösungen und spielt die Szene aus **a**.

**7** Complète les dialogues. | Vervollständige die Dialoge.

C'est _____, Paul?

Oui, c'est _____.

**1**

Tu t'_____ Lucie?

Non, je m'_____ Marie.

**2**

_____, Ben?

Oui.

**3**

Moi, je m'appelle Lucie, et _____?

Mehdi.

**4**

**8** Écris le dialogue. | Schreibe den Dialog in dein Heft.

1. Du begrüßt eine neue Schülerin auf dem Schulhof und fragst sie, wie es ihr geht. → Sie begrüßt dich und antwortet.

2. Du fragst sie, ob sie Lora heißt. → Sie verneint und sagt, sie heißt Nora mit einem N.

3. Du sagst, wie du heißt und verabschiedest dich. → Sie verabschiedet sich auch.

## Découvrir les lettres et les sons

CD 10

**9** a Écoute et lis le poème. | Hör zu und lies das Gedicht leise mit.

Salut, c'est moi!

C'est toi, François?

Non, c'est moi, Benoît.

Ah, salut, Benoît!

CD 11

b Écoute et retrouve l'ordre du poème. | Hör dir auch dieses Gedicht an und finde die Reihenfolge wieder. Nummeriere die Sprechblasen in der Reihenfolge, die du hörst.

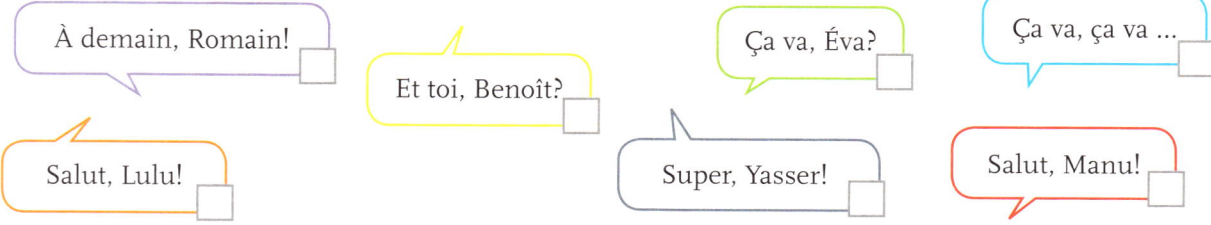

À demain, Romain!

Et toi, Benoît?

Ça va, Éva?

Ça va, ça va ...

Salut, Lulu!

Super, Yasser!

Salut, Manu!

# VOLET 3

## Lire et comprendre

**1** **a** Vrai ou faux? | Richtig oder falsch? Lies den Text und kreuze die richtige Antwort an.

> Salut Momo!
>
> Ça va à Paris? C'est la rentrée à Strasbourg et c'est super! Karim, Jade et moi, on est ensemble en cinquième. Yasmine est en sixième. Elle est super cool! Le prof de français, bof, ça va. Il est nouveau à l'école. Et toi, la rentrée?
>
> À plus!   Noah

|   |                                              | vrai | faux |
|---|----------------------------------------------|------|------|
| 1. | Momo ist in Straßburg.                      | ☐    | ☐    |
| 2. | Karims Französischlehrer ist neu in der Schule. | ☐ | ☐ |
| 3. | Noah ist in Yasmines Klasse.                | ☐    | ☐    |
| 4. | Jade und Yasmine sind zusammen in der *sixième*. | ☐ | ☐ |
| 5. | Der Französischlehrer ist supercool.        | ☐    | ☐    |

**b** Corrige les phrases fausses dans ton cahier. | Korrigiere die falschen Sätze in deinem Heft.

## Écouter et comprendre

**CD 12**

**2** Écoute et regarde les images. | Hör zu, schau dir die Bilder an und notiere zu jeder Situation den entsprechenden Buchstaben (A–F).

## Grammaire

**3 a** Écris les mots avec l'article défini. | Schreibe die folgenden Nomen mit dem bestimmten Artikel *le*, *la* oder *l'* auf die richtige Karteikarte. Schreibe männliche Wörter *blau* und weibliche Wörter *rot*. Zwei Nomen passen auf beide Karteikarten!

classe
rentrée
professeur
école
garçon
fille
récréation
élève
surveillant
cour
ami
amie
sixième

♂

♀

*la classe,*

**b** Complète. | Ergänze die Sätze mit den richtigen Artikeln.

1. _____ garçon, c'est qui? Et _____ fille, c'est qui?  4. Lukas est nouveau à _____ école.

2. Yasmine et Clara sont dans _____ cour.  5. Il est dans _____ classe de Clara.

3. Clara est _____ amie de Yasmine.  6. Noah est _____ ami de Karim.

CD
13
**4** Singulier ou pluriel? | Singular oder Plural? Hör zu und notiere die korrekte Form.

1. _____ surveillant___  5. Voilà Clara et Lara. _____ sont en sixième.

2. _____ professeur___  6. Voilà Maxime. _____ est à _____ école___, à Strasbourg.

3. _____ élève___  7. Les deux garçons là, _____ sont en cinquième?

4. _____ classe___  8. Voilà Madame Lalère. _____ est nouvelle.

**5** Complète. | Ergänze die Sätze mit den Formen von *être*. (▶Repères, p. 23/2)

1. – Salut, tu _____ à l'école «Maxime Alexandre»?

– Oui. Et je _____ en 6e.

2. – Bonjour. Vous _____ Monsieur Duval?

– Non, je _____ Monsieur Moulin.

3. – Bonjour, vous _____ les élèves de la 5e A?

– Non, nous _____ en 5e B.

## Vocabulaire

**6** Trouve les douze mots. | Finde die zwölf versteckten Nomen, die alle mit Schule zu tun haben, und schreibe sie mit dem bestimmten Artikel auf. (▶ Liste des mots, p. 180)

| | | | | | | | | | | |
|---|---|---|---|---|---|---|---|---|---|---|
| S | U | R | V | E | I | L | L | A | N | T |
| I | M | É | M | S | O | R | G | I | O | C |
| C | O | C | A | T | F | I | A | M | F | I |
| L | S | R | U | L | I | P | R | I | R | N |
| A | I | É | C | O | L | E | Ç | R | A | Q |
| S | X | A | I | D | L | U | O | T | N | U |
| S | I | T | X | U | E | I | N | A | Ç | I |
| E | È | I | É | L | È | V | E | H | A | È |
| A | M | O | D | I | C | O | U | R | I | M |
| R | E | N | T | R | É | E | B | A | S | E |

## Apprendre à apprendre

**7** Trouve le mot français. | Schreibe unter die Fotos das passende französische Wort. (▶ Méthodes, p. 166/18)

le bus  le cinéma
l'hôtel  le parc
le café  le supermarché
le tee-shirt  le téléphone

1

2

3

4

5

6

7

8

## Parler

**8** Fais le tandem avec ton/ta partenaire. | So arbeitet ihr mit einem Tandembogen:

- Legt fest, wer *Partenaire A* und wer *Partenaire B* ist.
- *Partenaire A* deckt die rechte Spalte ab, *Partenaire B* die linke Spalte.
- *Partenaire A* liest in seiner/ihrer Spalte (links) den Satz A vor. *Partenaire B* vervollständigt den Satz B mit Hilfe des Bildes in seiner/ihrer Spalte (rechts).
- *Partenaire A* hilft oder korrigiert, wenn es nötig ist.
- Dann liest *Partenaire B* den nächsten Satz in seiner/ihrer Spalte vor und A vervollständigt ihn mit Hilfe des Bildes in seiner/ihrer Spalte.
- Nach einem Durchgang tauscht ihr die Rollen.

**Tipp:** In die freien Felder unten auf der Seite schreibt ihr ein selbst ausgedachtes Beispiel.

| Partenaire A | Partenaire B |
|---|---|
| 1. **A:** Le garçon, c'est qui? <br><br> (B: C'est Lukas.) | 1. (A: Le garçon, c'est qui?) <br><br> **B:**  |
| 2. (B: La fille, c'est qui?) <br><br> **A:**  | 2. **B:** La fille, c'est qui? <br><br> (A: C'est Yasmine.) |
| 3. **A:** Le garçon, c'est qui? <br><br> (B: C'est Théo.) | 3. (A: Le garçon, c'est qui?) <br><br> **B:**  |
| 4. (B: La fille, c'est qui?) <br><br> **A:**  | 4. **B:** La fille, c'est qui? <br><br> (A: C'est Clara.) |
| 5. **A:** Le garçon, c'est qui? <br><br> (B: C'est Noah.) | 5. (A: Le garçon, c'est qui?) <br><br> **B:** |
| 6. (B: Le monsieur, c'est qui?) <br><br> **A:** | 6. **B:** Le monsieur, c'est qui? <br><br> (A: C'est Monsieur Martel.) |
| 7. **A:** _____ <br><br> (B: _____ ) | 7. (A: _____ ) <br><br> **B:** _____ |

## Regarder et comprendre

DVD 2 **9** C'est qui? Regarde la séquence et présente les trois jeunes. | Schau dir die Sequenz an. Stell die drei Jugendlichen vor.

_____

_____

_____

_____

_____

_____

_____

_____

_____

_____

## Écrire

**10** Ajoute les accents. | Alle Akzente fehlen. Füge sie hinzu.

1. la rentree
2. la recreation
3. vous etes
4. l'ecole
5. les eleves
6. la sixieme
7. la cinquieme

**11** *ou* [u] ou *u* [y]? Complète. | Ergänze die fehlenden Buchstaben.

1. – Bonj_____r, bonj_____r!

2. – V_____s êtes dans la c_____r?

3. – Sal_____t! Ça va?

4. – S_____per et toi?

**12 a** Karim hat sich einen Spaß gemacht und dir eine verschlüsselte E-Mail geschickt. Entschlüssele sie und schreibe sie auf.

> S🍎lu🖉, ç🍎 v🍎? J⚽ m'🍎pp⚽ll⚽ K🍎r🍀m.
> J⚽ su🍀s d⚽ S🖉r🍎sbourg. ⚽🖉 🖉o🍀?

_____

_____

**b** Réponds. | Antworte Karim. Schreibe eine verschlüsselte Botschaft. Du kannst dir auch selbst einen Code ausdenken.

Wenn du den französischen Namen für deinen Wohnort nicht weißt, frage deinen Lehrer / deine Lehrerin.

**13** Retrouve l'ordre des bulles et écris les dialogues. | Finde die Reihenfolge der Sprechblasen wieder und nummeriere sie. Schreibe die Dialoge dann in dein Heft.

**1**

Simon. Il est en sixième, dans la classe de Théo.

Super! Le garçon, c'est qui?

Salut, les filles, ça va?

**2**

Je ne sais pas.

C'est Yasmine. Elle est aussi en sixième. Elle est cool!

Et la fille, c'est qui?

**14** Retrouve les questions. | Finde passende Fragen zu den vorgegebenen Antworten. Es gibt mehrere Möglichkeiten!

1. _____? Non, je suis en sixième B.

2. _____? C'est l'ami de Noah.

3. _____? Je m'appelle Kristelle.

4. _____? Super. Et toi?

5. _____? Non, ils sont en cinquième.

6. _____? C'est Monsieur Martel, le professeur de français.

# MA PAGE

## C'EST MOI!

Présente-toi. | Stell dich vor. Gestalte einen Steckbrief mit allen Informationen, die du schon auf Französisch sagen kannst. Verwende Fotos und schreibe kleine Texte dazu. Deinen Steckbrief kannst du für die *Tâche B* im Buch, S. 21, verwenden.

classe?

professeur?

nom?

ami/e?

école?

–

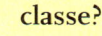

Hier kannst du überprüfen, ob du die Redewendungen, die Vokabeln und die Grammatik der *Unité 1* beherrschst. Löse die folgenden Aufgaben ohne Hilfen und überprüfe deine Ergebnisse auf S. 80.

## 1 Qu'est-ce qu'on dit?

**a Du bist in Straßburg an einer Schule.**

1. Du begrüßt deinen Lehrer / deine Lehrerin.

_____

_____

2. Du stellst dich vor.

_____

3. Du sagst, woher du kommst.

_____

4. Du sagst, dass du neu in Straßburg bist.

_____

_____

5. Der Lehrer fragt dich etwas und du antwortest:

„Ich weiß nicht."

_____

**b In der Pause unterhältst du dich mit einem Schüler auf dem Schulhof.**

1. Du fragst ihn, wie er heißt.

_____

_____

2. Du fragst ihn, wie es ihm geht.

_____

_____

3. Du fragst ihn, ob er aus Straßburg kommt.

_____

_____

4. Du fragst ihn, ob er in die *sixième A* geht.

_____

_____

## 2 Wortschatz / Der bestimmte Artikel

Finde die Nomen in der Schlange wieder und schreibe sie mit dem bestimmten Artikel im Singular oder im Plural auf.

PROFESSEURÉCOLEFILLEAMISCLASSEGARÇONSCOURÉLÈVESAMIESSURVEILLANTRENTRÉERÉCRÉATION

1. _____    4. _____

2. _____    5. _____

3. _____    6. _____

7. _____     10. _____

8. _____     11. _____

9. _____     12. _____

**3**  **Das Verb *être***

Complète.

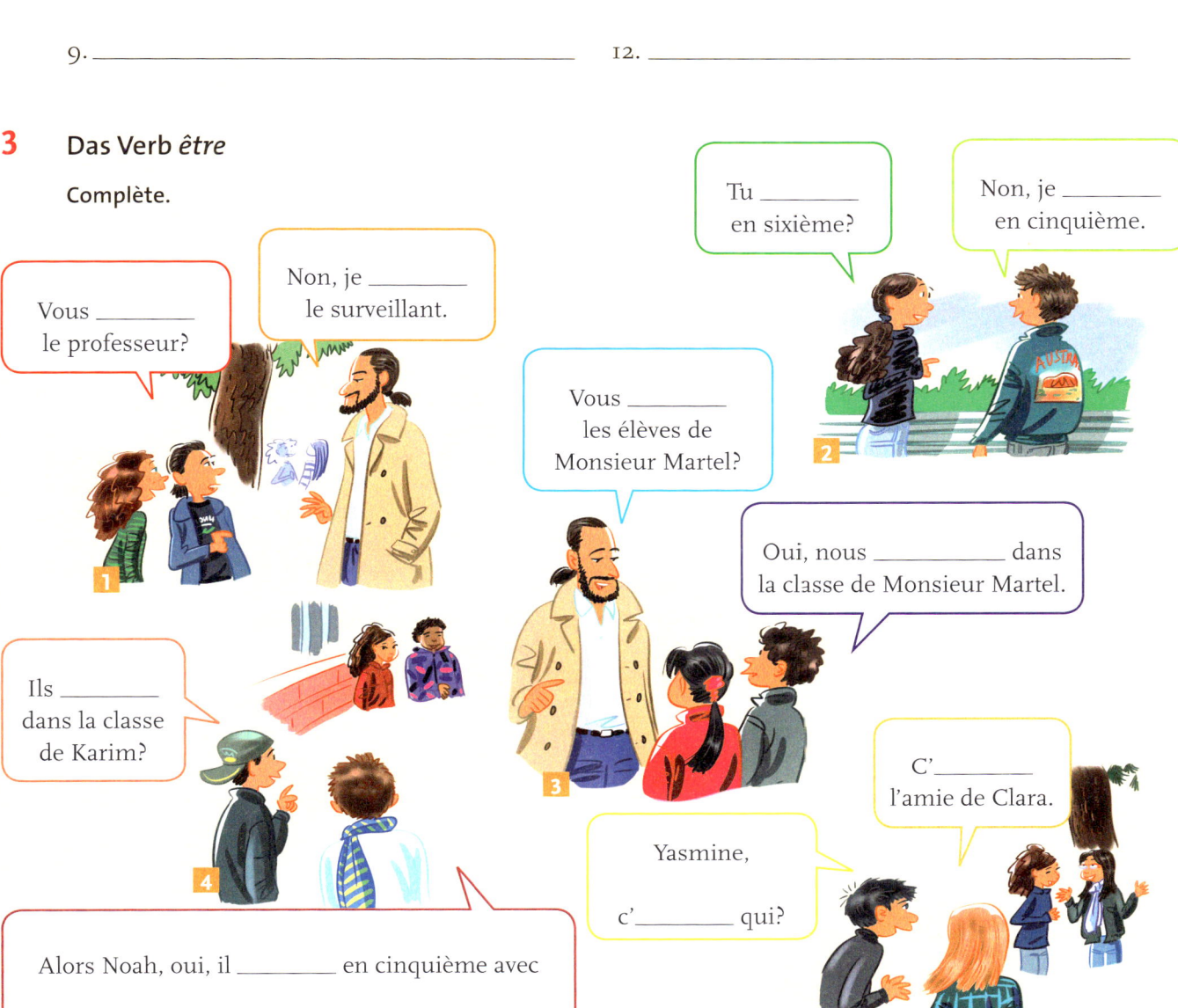

Tu _____ en sixième?

Non, je _____ en cinquième.

Vous _____ le professeur?

Non, je _____ le surveillant.

Vous _____ les élèves de Monsieur Martel?

Oui, nous _____ dans la classe de Monsieur Martel.

Ils _____ dans la classe de Karim?

C'_____ l'amie de Clara.

Yasmine, c'_____ qui?

Alors Noah, oui, il _____ en cinquième avec Karim. Yasmine, non. Elle _____ en sixième.

**4**  **Das Personalpronomen**

Complète.  |  Ergänze. Verwende die Personalpronomen *(je, tu, il, elle, …)*.

1. – _____ t'appelles Simon?

   – Non, _____ m'appelle Samuel.

2. – Noah est dans la classe de Yasmine?

   – Non, _____ est dans la classe de Jade.

3. – Et Clara?

   – _____ est dans la classe de Yasmine.

4. – Clara et Yasmine sont en sixième?

   – Oui, _____ sont en sixième A.

5. – Et Théo et Lukas?

   – _____ sont aussi en sixième A.

6. – Noah et Jade sont avec Karim?

   – Oui, _____ sont ensemble en cinquième B.

# LE FRANÇAIS EN CLASSE (1)

**1** **a** Surligne. | Markiere alle Wörter auf dieser Seite eines Möbelhauskatalogs, die du kennst oder erschließen kannst.

**Un bureau au top!**

**lampe de table**
**3,50 €**

**range-revues**
**8,95 €**/2 pcs
Coton, carton.
Orange foncé

**table 19 €**
Pour ordinateur portable.
L 60 x P 50, H 51–81 cm.
Rouge

**rangement
accessoires bureau**
**9,90 €**
Polyuréthane. L 32 x P 10,
H 20 cm. Noir

**2 sacs pour câbles**
**9,90 €**
Polyester, polyuréthane

**pêle-mêle 7 photos**
**7,99 €**
Plastique acrylique.
Pour photos 10 x 15 cm.
L 13 x H 113 cm. Noir

**b** Écris les mots. | Übertrage die Tabelle in dein Heft. Schreibe dann die Wörter aus **a** mit ihrer deutschen Bedeutung in die Tabelle. Erkläre auch, warum du die Wörter verstehst. (▶ Méthodes, p. 166/18)

| Französisches Wort | Bedeutung im Deutschen | Wieso kann ich es verstehen? |
|---|---|---|
| la table | der Tisch | englisch: the table |

**2** Compare avec ton/ta partenaire. | Vergleicht zu zweit eure Lösungen aus **1b**. Stellt euch gegenseitig eure Wörter vor und erklärt, wieso ihr sie versteht.

**1** Gleich ist Pause!

**2** Comment est-ce qu'on dit «Pause» en français?

**3** Je ne sais pas.

**4** En français, on dit «la récréation».

sein
ich bin
du bist
er / sie / es ist
wir sind
ihr seid
sie sind

**5** Comment est-ce qu'on écrit «ami»?

**6** On écrit A-M-I.

**3** Écoutez. | Hört euch die Dialoge im Französischunterricht an und lest die Sätze und Fragen oben leise mit. Dann bearbeitet zu zweit die Aufgaben **a–d**.

**a** A fragt, wie „Goldfisch" auf Französisch heißt. B sagt, dass er/sie es nicht weiß.

**b** Fragt und sagt euch gegenseitig, wie folgende Wörter auf Französisch heißen. Bildet ganze Sätze. Wechselt euch ab:

    1. Schulhof   2. Junge   3. Lehrerin   4. Schule

> Comment est-ce qu'on dit «Schulhof» en français?

**c** B fragt, wie man „copain" schreibt. A antwortet.

**d** Fragt und sagt euch gegenseitig, wie man folgende Wörter schreibt. Bildet ganze Sätze. Wechselt euch ab:

    1. prof   2. pas mal   3. pardon   4. alors

> Comment est-ce qu'on écrit «prof»?

**4** Fais une liste. | Lege eine Liste mit wichtigen Sätzen für den Französischunterricht an.

# L'ALPHABET

CD
15

**1** **a** Écoute la chanson de l'alphabet et complète-la par d'autres prénoms. | Hör dir das Lied vom Alphabet (Buch, S. 26) an und ergänze es dann mit diesen Vornamen:

Emmanuel    Chloé    Timo    Ahmed    Lucie    Aleph    Claire

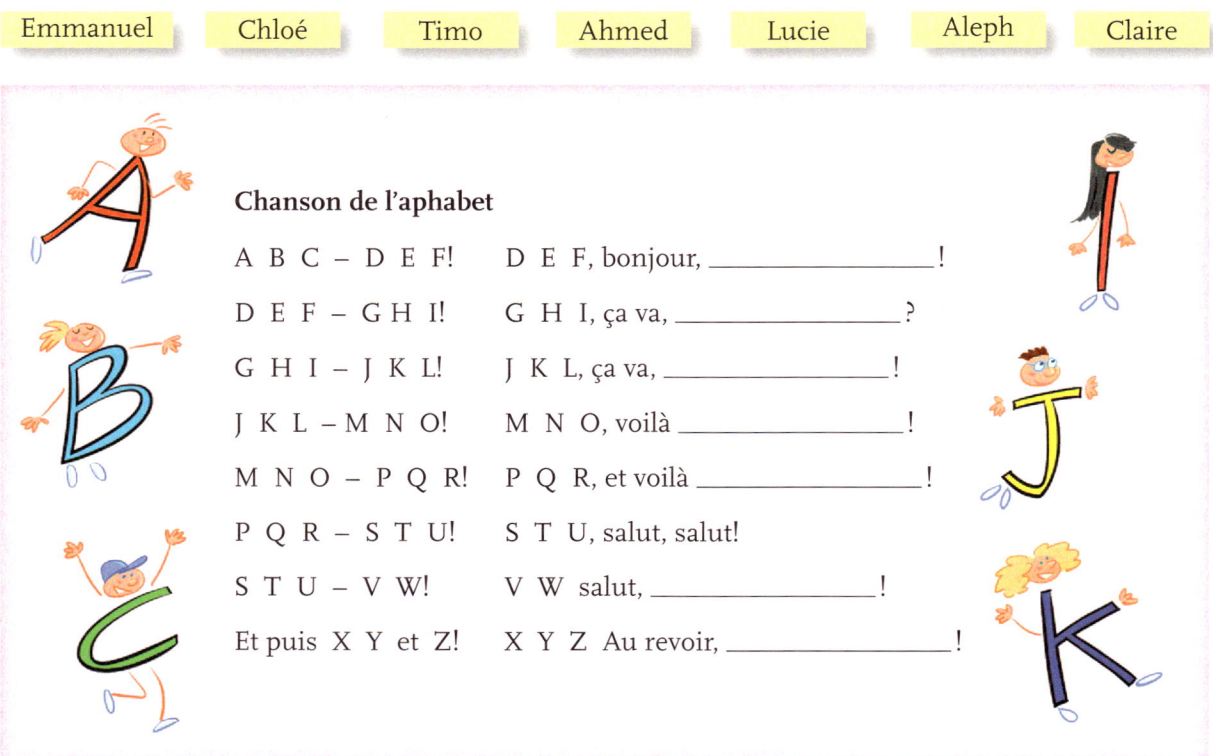

**Chanson de l'aphabet**

A  B  C  –  D  E  F!        D  E  F, bonjour, _____!

D  E  F  –  G  H  I!        G  H  I, ça va, _____?

G  H  I  –  J  K  L!        J  K  L, ça va, _____!

J  K  L  –  M  N  O!        M  N  O, voilà _____!

M  N  O  –  P  Q  R!        P  Q  R, et voilà _____!

P  Q  R  –  S  T  U!        S  T  U, salut, salut!

S  T  U  –  V  W!          V  W  salut, _____!

Et puis  X  Y  et  Z!        X  Y  Z  Au revoir, _____!

CD
16

**b** Chantez votre chanson de **a**. | Singt eurer Lied aus **a**.

**2** Retrouve les signes et surligne-les. | Finde die Zeichen im blauen Kasten in den Sprechblasen wieder und markiere sie.

Pardon Madame, vous êtes Léa Leblanc?

Das Zeichen **'** heißt „apostrophe".
Der Buchstabe **é** heißt „e accent aigu".
Der Buchstabe **è** heißt „e accent grave".
Den Buchstaben **ç** nennt man „c cédille".

Non, je m'appelle Valérie Duluc.
Je suis la prof de français de la cinquième A.

**3** Écoute. | Wann hörst du ein [k], wann ein [s]? Schreibe die Wörter in die richtige Spalte.

| français | la cantine | le garçon | le collège | ça va | le cinéma | Océane |
|----------|------------|-----------|------------|-------|-----------|--------|

| [k] | [s] |
|-----|-----|
|     |     |
|     |     |
|     |     |
|     |     |
|     |     |

**4** Comment est-ce qu'on écrit ...? | Verteilt die Rollen. Wer ist A? Wer ist B? Schlagt dann nur eure Wörter im Buch auf S. 178 nach. Wie schreibt man sie auf Französisch? Buchstabiert sie euch gegenseitig mit dem bestimmten Artikel.   (▶ Banques de mots, p. 178)

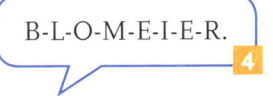

**5** Tu t'appelles comment? | Fragt euch nach euren Vor- und Nachnamen. Buchstabiert sie euch gegenseitig.

ä = ae
ö = oe
ü = ue

1 Tu t'appelles comment?

2 Tanja Blomeier.

3 Comment est-ce qu'on écrit Blomeier?

4 B-L-O-M-E-I-E-R.

# À LA MAISON

**CD 18**

**1** Dans la chambre de Jade. Écoute et relie. | Hör zu und ordne jedem Gegenstand in Jades Zimmer das passende Wort zu. Schreibe die Nummern der Wörter in die Kästchen auf dem Bild.

1. un lit    2. une table    3. une chaise    4. une armoire

5. une étagère    6. une peluche    7. une lampe (2 x)    8. un poster

**CD 19**

**2 a** Écoute et coche la chambre de Noah. | Hör zu und schau dir die Bilder an. Welches ist Noahs Zimmer? Kreuze an.

**b** Et dans ta chambre, qu'est-ce qu'il y a? Raconte. | Und was gibt es in deinem Zimmer? Erzähle.

**3** Complète les mots. | Ergänze die Wörter mit den fehlenden Vokalen.

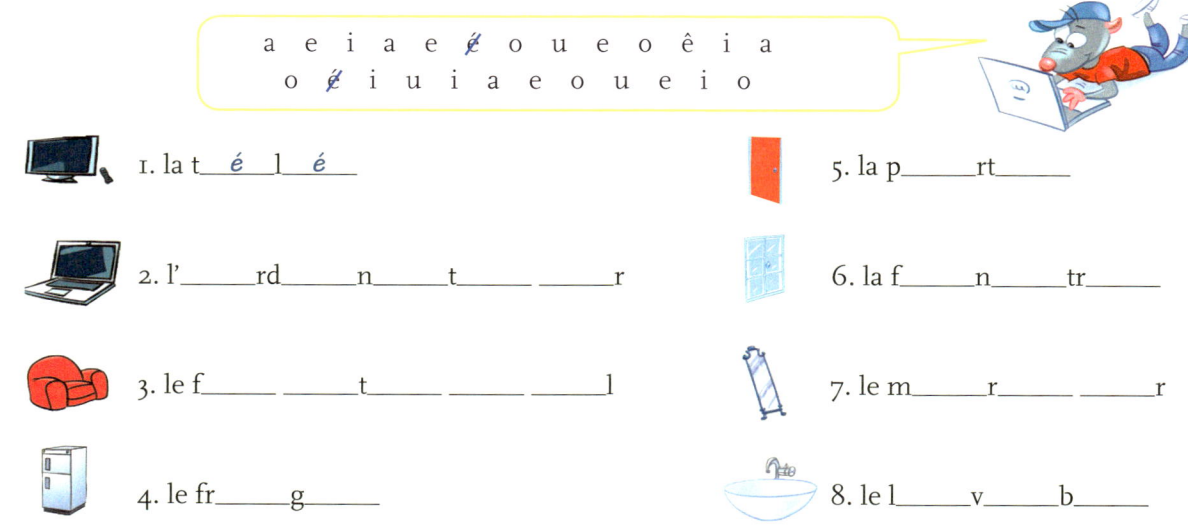

a e i a e é é o u e o ê i a
o é i u i a e o u e i o

1. la t_é_l_é_    5. la p____rt__

2. l'____rd____n____t_____r    6. la f_____n_____tr_____

3. le f_____ _____t_____ _____l    7. le m_____r_____r

4. le fr_____g____    8. le l_____v_____b____

**CD 20** **4** Écoute et complète le plan. | Hör zu und ergänze den Grundriss. Schreibe in die Backformen hinein.

1.

2.

3.

4.

5.                                                        6.

**CD 21** **5** Où est Camembert, la souris? Écoute bien et trouve-la. | Wo versteckt sich die Maus Camembert? Hör zu und schreibe auf. Zeichne dann die Maus in das richtige Zimmer im Grundriss oben ein.

_____

**CD 22** **6** Où est Paul? Écoute et coche. | Wo ist Paul? Hör zu und kreuze an, in welchem Zimmer Paul ist.

Paul est dans …

| **1** | ☐ la salle de séjour | **2** | ☐ la cuisine | **3** | ☐ le couloir | **4** | ☐ la chambre |
|---|---|---|---|---|---|---|---|
|  | ☐ la salle de bains |  | ☐ le couloir |  | ☐ la cuisine |  | ☐ le couloir |
|  | ☐ la chambre |  | ☐ la salle de séjour |  | ☐ la salle de bains |  | ☐ la cuisine |

**7** Où est le pion*? | Wo ist die Spielfigur? A nimmt eine kleine Münze und legt sie in einem der Zimmer auf dem Grundriss ab. B sagt, wo sich die Münze befindet. Wechselt euch ab.

Où est le pion*?

Il est dans _____.

\* **le pion** die Spielfigur

**8** Welche Gegenstände zum Thema „Haus und Zimmer" kennst du noch auf Französisch? Zeichne sie in dein Heft und beschrifte sie.

Du kannst auch kleine Spielzeuggegenstände mitbringen und der Klasse auf Französisch vorstellen.

## VOLET 1

### Vocabulaire

**1 a** Complète.  |  Löse das Kreuzworträtsel.   (▶ Liste des mots, p. 185)

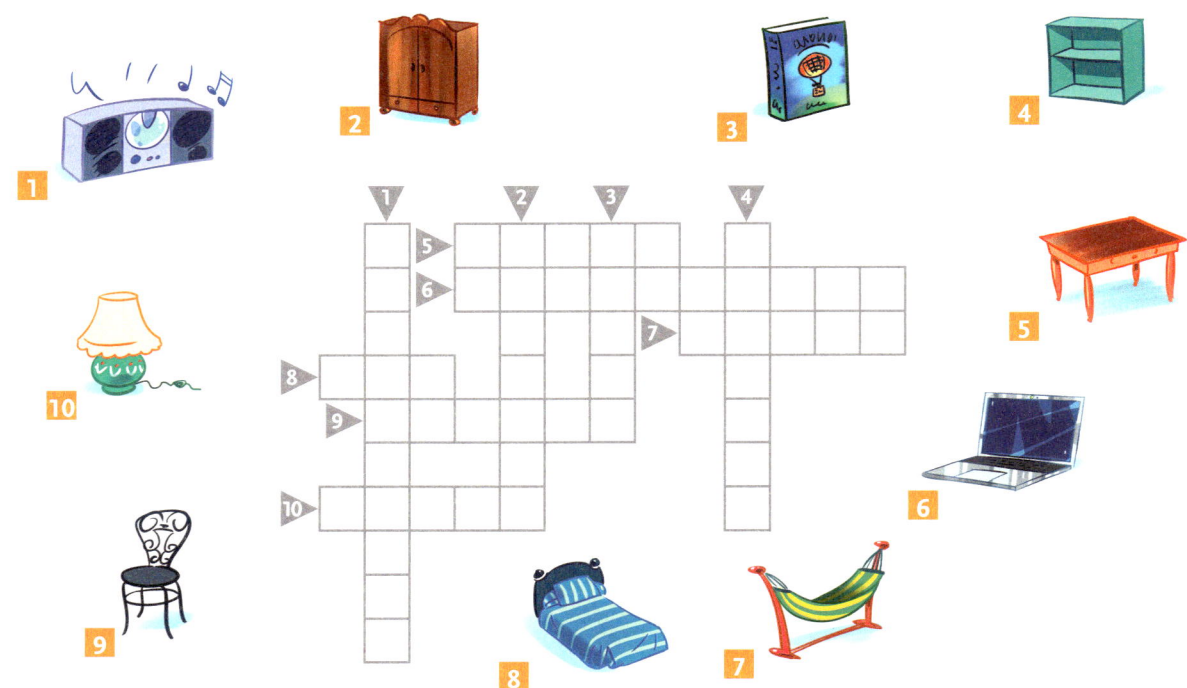

**b** Lisa présente sa chambre.  |  Lisa stellt ihr Zimmer vor. Was sagt sie?

_Dans ma chambre,_ _____

_____

_____

_____

## Apprendre à apprendre

**2** Wörter kannst du dir besser merken, wenn du einen oder zwei Buchstaben so zeichnest, dass man sofort weiß, was die Wörter bedeuten.

**a** Complète.
Utilise *un* ou *une*. _____ RMOIRE _____ stylo

**b** À toi! | Zeichne ein Wort wie in **a** und verwende den unbestimmten Artikel *un* oder *une*.

## Grammaire

**3** Schreibe die folgenden Wörter mit dem unbestimmten Artikel im Singular *un/une* in den richtigen Sack.

des tables
des chaises    des lits
des lampes
des hamacs
des photos
des ordinateurs
des posters
des minichaînes
des professeurs
des amis    des étagères
des livres    des bédés
des armoires
des amies

**4** Qu'est-ce qu'il y a dans la vitrine? Utilise *il y a* et un nom au pluriel. | Was ist im Schaufenster zu sehen? Verwende *il y a* und ein Nomen im Plural. Denke an den unbestimmten Artikel im Plural!

Il y a des _____

_____

_____

_____

_____

_____

_____

**5** *un*/*une* ou *des*? Complète par les articles. | Matéo hat einen Text über sein Zimmer geschrieben, aber alle Artikel vergessen. Ergänze die fehlenden Artikel.

Ma chambre est cool: il y a _____ coin musique avec _____ minichaîne, _____ collection de CD et _____ guitare. Il y a aussi _____ coin bédé avec _____ bédés, _____ poster et _____ figurines partout. Et il y a _____ hamac!

## Lire et comprendre

**6** Schau dir den Umschlag dieser französischen Jugendzeitschrift genau an und finde heraus welche Themen sie anbietet. (▶ Méthodes, p.164)

In dieser Zeitschrift erfahre ich etwas über:

_____

_____

_____

_____

_____

_____

_____

## Écrire

**7 a** Der Jugendliche auf dem OKAPI-Umschlagfoto in **6** zeigt sein Zimmer. Beschreibe es. Welche Gegenstände kannst du schon benennen? Verwende dabei den unbestimmten Artikel: *un*/*une*, *des*.

<u>Dans la chambre de Jérémy, il y a</u> _____

_____

_____

_____

**b** Vervollständige die Beschreibung in **a**. Wenn du ein Wort suchst, das du noch nicht kennst, kannst du es nachschlagen. (▶ Banque de mots, p.178 / Dictionnaire en ligne, p.179)

# VOLET 2

## Lire et comprendre

**1** Relis le texte. Lis les phrases, compare et corrige-les. | Lies die Sätze 1–5 und vergleiche sie mit dem Text im Buch auf S. 32. Korrigiere die Sätze in deinem Heft.

1. Le shampoing est dans le placard.
2. Les biscuits sont sur l'étagère.
3. Les clés sont dans la cuisine.
4. Le CD de ZAZ est sur la table.
5. La télécommande est sous la chaise.

## Vocabulaire

**2** Où sont les bédés d'Alexandre? | Alexandre sucht seine Comics. Vervollständige die Sätze. (▶ Liste des mots, p. 186)

Elles sont dans ma chambre?

Elles sont dans _____?

Elles sont dans _____?

Elles sont dans _____?

Elles sont dans _____?

Ah! Elles sont dans _____!

## Grammaire

**3** Complète le dialogue. | Vervollständige den Dialog mit den fehlenden Teilen.

1. – Mariam, _____ de ZAZ?

2. – Regarde, il est dans la salle de séjour, _____!

3. – Et _____ de l'appartement?

4. – _____, elles sont dans le couloir, sur l'étagère!

5. – Mariam! Où est _____?

6. – _____!

la télécommande

où sont les clés

sur la table

Là, devant toi

Regarde

où est le CD

**4** Relie. | Verbinde die Fragen mit den passenden Antworten.

Où sont les étagères? **1**     **a** Ils sont sur les étagères.
Où est le globe? **2**     **b** Elles sont dans la salle de classe, à droite.
Où est l'armoire? **3**     **c** Il est dans l'armoire, à droite.
Où sont les livres? **4**     **d** Elle est dans la classe, à gauche.

**5 a** Utilise *Où est / Où sont*. | Schreibe die Fragen in dein Heft.

1. Clara   2. Théo et Lukas   3. Jade et Noah
4. les clés   5. la télécommande   6. le lit

1. *Où est Clara?*

**b** Réponds aux questions. Utilise *Il est / Elle est / Ils sont / Elles sont*. | Beantworte die Fragen. Schreibe in dein Heft.

1. chez Yasmine   2. à l'école   3. dans la cour
4. sous la table   5. sur l'étagère   6. à droite

1. *Elle est chez Yasmine.*

## Écouter et comprendre

**CD 23** **6** Wo liegen die Sachen in Louises Zimmer? Hör dir den Text an und zeichne mit Pfeilen ein, wo sich die genannten Dinge befinden.

## Écrire

**7 a** Clemens hat seine Hausaufgaben gemacht. Er hat einen Bindestrich und alle Apostrophe vergessen. Korrigiere die Hausaufgabe und schreibe die Fragen richtig darunter.

1. Qu est ce qu il y a dans l armoire de Louis?

_____

2. Qu est ce qu il y a derrière l ordinateur?

_____

3. Qu est ce qu il y a dans l appartement?

_____

**b** Sarah hat in ihrer Hausaufgabe alle *accents* vergessen. Korrigiere ihre Sätze und schreibe die Wörter richtig daneben.

1. Ou sont les etageres? _____

2. Ou est la minichaine? _____

3. Ou est la telecommande? _____

**CD 24**

**8** Écoute et complète. | Hör dir die beiden Sätze an und vervollständige sie.

1. Mam_____ est d_____ la salle de b_____.

2. Sim_____ et Alb_____ s_____ _____semble _____ c_____quième.

## Apprendre à apprendre

**9** Apprends les prépositions. | Lerne die Präpositionen mit einem Bild: Schreibe die Präpositionen an den passenden Ort.

> sur    sous
> derrière    devant
> à droite    à gauche
> dans    entre

## Écrire

**10** Compare les deux dessins. | Vergleiche die beiden Zeichnungen und finde die sieben Unterschiede heraus. Schreibe in dein Heft.

> 1. les livres    2. la guitare    3. la collection de figurines    4. le globe    5. les stylos
> 6. les clés    7. la minichaîne

1. À gauche, les livres sont sur l'étagère, entre le globe et les figurines.

À droite, les livres sont sur la table, devant l'ordinateur.

**Parler**

👥 **11**   **Fais le tandem avec ton/ta partenaire.**

Lest euch noch einmal die Übungsanweisungen für die Tandembögen auf S. 14 durch. Vergesst nicht euer eigenes Beispiel in dem freien Feld am unteren Seitenrand aufzuschreiben.

| Partenaire A | Partenaire B |
|---|---|
| 1. **A:** Qu'est-ce qu'il y a entre l'armoire et le lit? | 1. (**A:** Qu'est-ce qu'il y a entre l'armoire et le lit?) |
| (**B:** Entre l'armoire et le lit, il y a une table.) | **B:** Entre l'armoire et le lit, il y a  |
| 2. (**B:** Qu'est-ce qu'il y a sur la table?) | 2. **B:** Qu'est-ce qu'il y a sur la table? |
| **A:** Sur la table, il y a  | (**A:** Sur la table, il y a un ordinateur.) |
| 3. **A:** Qu'est-ce qu'il y a sous la chaise? | 3. (**A:** Qu'est-ce qu'il y a sous la chaise?) |
| (**B:** Sous la chaise, il y a des stylos.) | **B:**  |
| 4. (**B:** Qu'est-ce qu'il y a sur l'étagère?) | 4. **B:** Qu'est-ce qu'il y a sur l'étagère? |
| **A:**  | (**A:** Sur l'étagère, il y a une collection de pierres.) |
| 5. **A:** Qu'est-ce qu'il y a dans l'armoire? | 5. (**A:** Qu'est-ce qu'il y a dans l'armoire?) |
| (**B:** Dans l'armoire, il y a des livres et une mi-nichaîne. | **B:**  |
| 6. (**B:** Qu'est-ce qu'il y a devant le lit?) | 6. **B:** Qu'est-ce qu'il y a devant le lit? |
| **A:**  | (**A:** Devant le lit, il y a un hamac.) |
| 7. **A:** Qu'est-ce qu'il y a derrière l'ordinateur? | 7. (**A:** Qu'est-ce qu'il y a derrière l'ordinateur?) |
| (**B:** Derrière l'ordinateur, il y des clés.) | **B:**  |
| 8. (**B:** Qu'est-ce qu'il y a entre la lampe et la télé?) | 8. **B:** Qu'est-ce qu'il y a entre la lampe et la télé? |
| **A:**  | (**A:** Entre la lampe et la télé, il y a un livre.) |
| 9. **A:** _____ | 9. (**A:** _____) |
| (**B:** _____) | **B:** _____ |

# VOLET 3

## Lire et comprendre

**1** Qu'est-ce qui va ensemble? Relie. | Was passt zusammen? Verbinde. (▶ Texte, p. 35)

Yasmine rentre **1**          **a** un CD.
Yasmine écoute **2**          **b** à la maison.
Yasmine chatte **3**          **c** une partie de cartes.
Karim et Noah regardent **4**          **d** avec des copines.
Yasmine et Zohra jouent **5**          **e** la télé.

## Écouter et comprendre

**CD 25** **2** Vrai ou faux? | Hör dir den Text an, lies die Sätze und kreuze an, welche Aussagen richtig und welche falsch sind.

|  | vrai | faux |
|---|---|---|
| 1. Yasmine est dans la cuisine. | ☐ | ☐ |
| 2. Yasmine téléphone. | ☐ | ☐ |
| 3. Zorah est dans la salle de séjour avec Karim et Bilal. | ☐ | ☐ |
| 4. Zorah regarde la télé avec Karim et Bilal. | ☐ | ☐ |

## Grammaire

**3** Streiche die falsche Verbform durch und schreibe den richtigen Satz in dein Heft. (▶ Repères, p. 41/2)

1. – Yasmine, tu joue / joues avec moi? – Non, je travaille / travailles .

2. – Et Karim? Il travaille / travailles aussi?

3. – Les garçons sont dans la salle de séjour. Ils écoute / écoutent un CD.

4. – Les garçons, vous regardons / regardez la télé avec moi?

   – Non, nous écoutons / écoutez un CD.

**4** Complète. Utilise la bonne terminaison. | Setze die passenden Verbendungen ein. (▶ Repères, p. 41/2)

– Clara, qu'est-ce que tu fais, après l'école?

– Je rentr_____ à la maison et je travaill_____. Après les devoirs, je rêv_____ ou j'écout_____ des CD.

– Et Alexandre?

– Alexandre regard_____ la télé, il chatt_____ avec des copains ou il cherch_____ des informations sur Internet.

– Est-ce que vous jou_____ ensemble?

– Oui, nous jou_____ sur l'ordinateur.

– Et Yasmine et Karim?

– Ils rentr_____ aussi à la maison. Après l'école, ils travaill_____ et jou_____ avec Zohra ou ils regard_____ la télé.

**5** Complète. Utilise l'impératif. | Ergänze. Verwende den Imperativ. (▶ Repères, p. 41/3)

### Vocabulaire

**6** **a** Trouve les dix verbes. Écris-les. | Finde die zehn Verben wieder. Schreibe sie auf.
(▶ Liste des mots, p. 187)

| | | | | | | | | | |
|---|---|---|---|---|---|---|---|---|---|
| T | T | R | A | V | A | I | L | L | E | R |
| É | R | E | N | T | R | E | R | M | E | E |
| L | J | F | L | A | P | O | I | F | D | G |
| É | H | É | C | O | U | T | E | R | S | A |
| P | E | R | H | V | E | R | N | R | J | R |
| H | C | H | A | T | T | E | R | U | O | D |
| O | V | Z | N | R | Ê | V | E | R | U | E |
| N | I | F | T | H | S | H | N | O | E | R |
| E | C | H | E | R | C | H | E | R | R | L |
| R | M | I | R | L | A | P | O | E | S | M |

1. _____    6. _____

2. _____    7. _____

3. _____    8. _____

4. _____    9. _____

5. _____    10. _____

**b** Écris une phrase dans ton cahier avec chaque verbe de **a**. | Schreibe mit jedem Verb aus **a** einen Satz in dein Heft. (▶ Repères, p. 41)

## Apprendre à apprendre

**7** Verstecke Wörter in einem Wortgitter für deine Mitschüler/innen. Denke auch an die Lösung, damit du deine Mitschüler/innen korrigieren kannst. (▶ Apprendre à apprendre, p. 37/6 / Liste des mots, p. 180–190)

1. _____    6. _____

2. _____    7. _____

3. _____    8. _____

4. _____    9. _____

5. _____    10. _____

## Écrire

**8** Corrige les fautes et écris la phrase correcte. | Streiche das falsche Wort durch und schreibe den korrekten Satz auf.

1. Tu t'appelles Lucas ou / où Lukas?

_____

2. Qu'est-ce qu' / Qu'est-ce que il y a sur la

   table?

_____

3. Qu'est-ce qu' / Qu'est-ce que tu fais après

   l'école?

_____

4. Tu es là / la ?

_____

5. Ou / Où sont les biscuits?

_____

6. Noah est le / les copain de Karim.

_____

7. Nous jouons une partie de / des cartes.

_____

8. Sur l'étagère, il y a des / de pierres.

_____

9. Yasmine est / et dans la chambre. Elle

   écoute des CD.

_____

10. Karim est / et Zohra, vous êtes où? Ah,

    vous êtes dans la cuisine!

_____

**9** **a** Retrouve l'ordre du dialogue et écris-le dans ton cahier. | Stell den Dialog wieder her und nummeriere die Sprechblasen. Schreibe den Dialog dann in dein Heft.

Mais, regarde! Je travaille.

Qu'est-ce que tu fais?

Tu travailles toujours. Tu m'énerves!

Paul, tu es là? `1`

On regarde la télé?

Non, c'est non.

Oui, qu'est-ce qu'il y a?

Paul, s'il te plaît!

Pas maintenant.

**b** Compare avec ton/ta partenaire. Puis jouez la scène. | Überprüft eure Lösungen aus **a**. Spielt dann die Szene.

## Regarder et comprendre

**DVD 3** **10** **a** Regarde la séquence et coche les bonnes réponses. | Schau dir die Sequenz an und kreuze die richtigen Antworten an.

**1**
- [ ] Laurine
- [ ] Marie
- [ ] est à la maison.
- [ ] rentre à la maison.
- [ ] est en classe.
- [ ] est à l'école.
- [ ] téléphone.
- [ ] est avec une copine.
- [ ] rêve.

**2**
- [ ] Maxime
- [ ] Robin
- [ ] est à la maison.
- [ ] est dans la cuisine.
- [ ] est dans la salle de bains.
- [ ] joue.
- [ ] téléphone.
- [ ] écoute des CD.
- [ ] cherche des informations sur Internet.

**DVD 3** **b** Regarde la séquence encore une fois et complète. | Schau dir die Sequenz noch einmal an und ergänze.

Dans la chambre de Laurine, il y a _____

_____

_____

_____

# MA PAGE

## C'EST MA CHAMBRE!

Présente ta chambre. | Stell dein Zimmer vor. Du kannst es zeichnen oder ein Foto verwenden. Beschrifte die Gegenstände und schreibe einen Text über dein Zimmer. Diese Seite kannst du für die *Tâche B* im Buch, S. 39, verwenden.

## 1 Qu'est-ce qu'on dit?

**Comment est-ce que tu dis cela en français? | Wie sagst du auf Französisch, dass ...?**

1. ... es einen Schrank und eine Hängematte in deinem Zimmer gibt

   _____

   _____

2. ... die Fernbedienung auf dem Regal ist

   _____

   _____

3. ... jemand mit dir spielen soll

   _____

   _____

4. ... du jetzt nicht kannst: du arbeitest

   _____

   _____

## 2 Wortschatz

**Retrouve les dix noms et écris-les avec l'article indéfini. | Finde die zehn Nomen wieder und schreibe sie mit dem unbestimmten Artikel auf.**

ar commande
cuit bis
gère chain
ordi
moire
sty
mini lo bre
natur ment
télé tion
collec éta
apparte chaîne

_____

_____

_____

_____

_____

_____

_____

_____

## 3 Ortsangaben

**Regarde la chambre de Louise et complète. | Schau dir Louises Zimmer an und vervollständige die Beschreibung.**

Dans la chambre de Louise, il y a des

bédés et des biscuits _____

le lit. Les CD sont _____

la table et les stylos _____

l'ordinateur. La minichaîne est _____ l'armoire, _____ et les livres

_____ . La guitare est _____ l'armoire. Le shampoing est

_____ l'étagère _____ les pierres et la lampe.

## 4  Die unbestimmten Artikel und die Nomen im Plural

Qu'est-ce qu'il y a dans la cour? Décris. Utilise *un/une/des* ...

Dans la cour, il y a _____

_____

_____

_____

_____

_____

## 5  Der bestimmte und der unbestimmte Artikel

Complète. Utilise l'article défini ou indéfini. | Setze einen bestimmten oder einen unbestimmten Artikel ein.

Voilà _____ chambre. C'est _____ chambre de Léon. Dans _____ chambre de Léon, il y

a _____ coin bédé avec _____ posters et _____ collection de figurines. Et sur l'étagère,

il y a _____ collection de bédés de Léon.

## 6  Die Verben auf *-er*

Complète. Setze die passenden Verbendungen ein.

1. Yasmine travaill_____ avec Clara. Après, elles écout_____ des CD et chant_____ .

2. – Vous cherch_____ des informations sur Internet avec moi?

   – Non, pas maintenant. Nous travaill_____ .

3. – Tu regard_____ des photos? – Oui, je cherch_____ des photos de l'école.

4. – On écout_____ un CD ensemble? – Non! Tu m'énerv_____ ! Je téléphon_____ .

5. Les garçons regard_____ la télé. Après, Karim jou_____ avec Zorah.

# LE FRANÇAIS EN CLASSE (2)

**1**  Qu'est-ce qui va ensemble? Relie.  |  Was passt zusammen? Verbinde.

1. une fenêtre

2. un poster

3. un ordinateur

4. une chaise

5. un stylo

6. une règle

7. un cahier

8. un livre

9. une table

10. un tableau

12. une phrase

13. un mot

14. une porte

15. une photo

*Bonjour!*
*Anna est l'amie*
*de Félix.*

**2**  À vous!  |  Spielt Kofferpacken. Zählt auf, was es in eurem Klassenraum gibt.

Dans notre salle de classe*, il y a des chaises.

Dans notre salle de classe, il y a des chaises et un tableau.

\* **notre salle de classe** unser Klassenraum

**3** Jouez au mémory *Le français en classe*. | Geht auf die Pappseite A in der Mitte des Heftes, schneidet die Karten aus und spielt das Memoryspiel *Le français en classe*.

**4** Qu'est-ce que c'est? | Knack den Code! Finde die zehn Nomen und schreibe sie mit dem unbestimmten Arktikel *un*/*une* in dein Heft.

| cr1y5n | ph5t5 | p5rt3 | m5t | 3ff1c3ur | p5st3r | phr1s3 | t1bl31u | c1hi3r | 5rdin1t3ur |

**5** Trouve les mots. | Finde die zehn Nomen heraus.

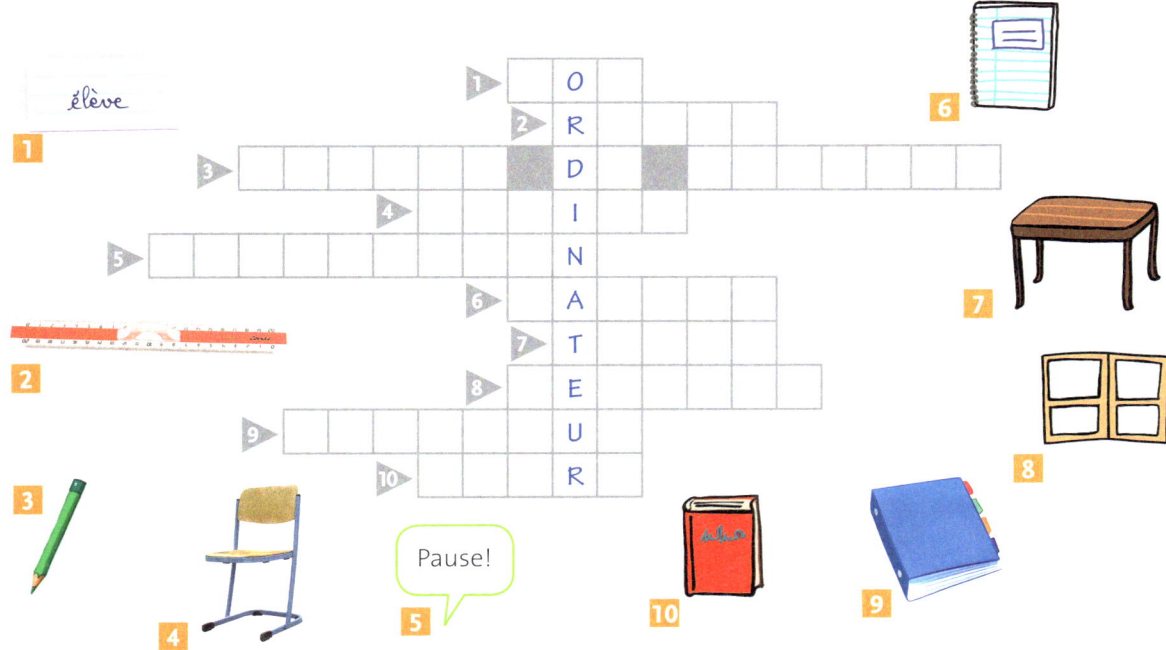

**6** Qu'est-ce qu'il dit? | Was hat der Lehrer gesagt? Welche Aufforderung passt zu welchem Bild? Schreibe die Nummern in die Kästchen. Ein Satz bleibt übrig!

1. Écoutez le rap.
2. Répétez la phrase.
3. Ouvrez les cahiers.
4. Écrivez le texte.
5. Fermez les livres.
6. Chantez le rap.

###### QU'EST-CE QUE TU SAIS DÉJÀ?    facultatif

Nur für Schüler/innen mit Vorkenntnissen Französisch

## MA FAMILLE ET MES ANIMAUX

CD
26

**1** **a** Ludo présente sa famille. C'est qui? Écoute et coche. | Ludo stellt seine Familie vor. Von wem spricht er? Hör zu und kreuze das passende Bild an.

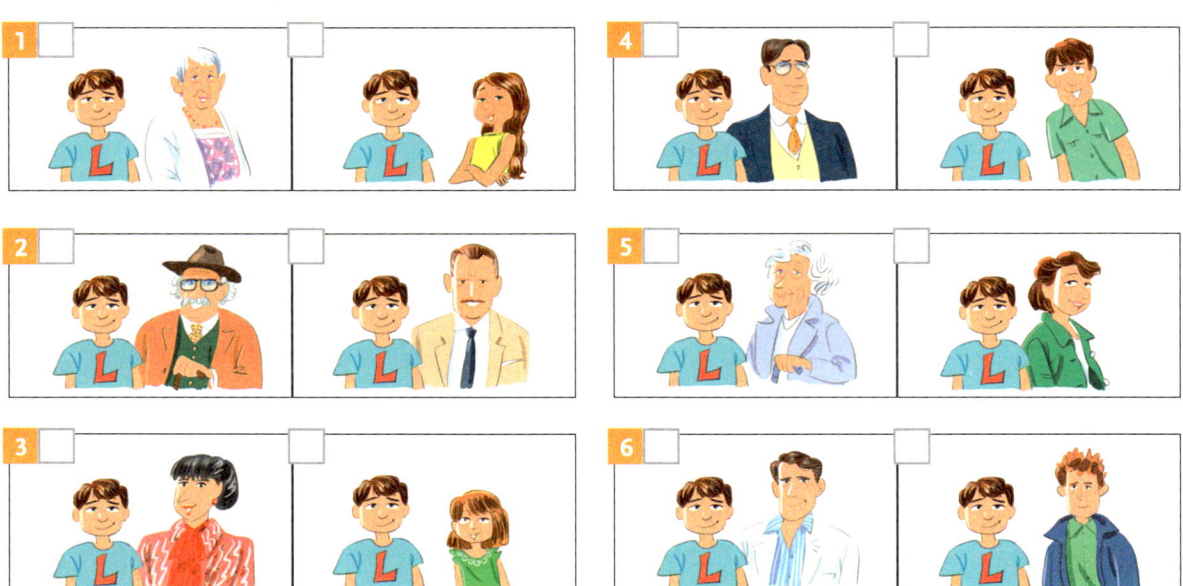

CD
26

**b** Écoute encore une fois et répète les phrases. | Hör noch einmal zu und sprich die Sätze nach. Drücke dafür nach jedem Satz die Pause-Taste.

**2** **a** Voilà la famille de Marius. Qu'est-ce qui va ensemble? Relie. | Das ist die Familie von Marius. Was passt zusammen? Schau dir das Bild an und verbinde jedes Wort mit dem passenden Familienmitglied auf dem Bild.

1. l'arrière-grand-père     2. l'arrière-grand-mère     3. le grand-père     4. la grand-mère

5. le père                                                                                    9. l'oncle

6. la mère                                                                                  10. la tante

7. le frère                                                                                  11. le cousin

8. la sœur                                                                                 12. la cousine

**b** Présentez la famille de **a**. | Stellt euch gegenseitig die Familie aus **a** vor. Wechselt euch ab.

François, c'est l'arrière-grand-père de Marius.

Agnès, c'est la tante de Marius.

42 ———————————— QU'EST-CE QUE TU SAIS DÉJÀ?

**CD 27** **3** Tu connais le nom de ces animaux? Relie. | Kennst du den Namen dieser Tiere? Hör zu und ordne zu.

☐ **1** le chien    ☐ **2** le chat    ☐ **3** la perruche    ☐ **4** la tortue

A    B    C    D    E    ☐ **5** le lapin

F    G    H    I    K    ☐ **6** le cheval

☐ **7** le cochon d'Inde    ☐ **8** la souris    ☐ **9** le poisson    ☐ **10** le hamster

**CD 28** **4** C'est quel animal? Écoute et coche. | Welches Tier ist das? Hör dir die Geräusche an und kreuze das richtige Tier an.

1. a ☐ le cheval    b ☐ la vache    c ☐ la chèvre
2. a ☐ la poule    b ☐ l'âne    c ☐ le cochon
3. a ☐ le mouton    b ☐ le chat    c ☐ le chien
4. a ☐ le crocodile    b ☐ la girafe    c ☐ le lion
5. a ☐ le zèbre    b ☐ le poisson    c ☐ le singe
6. a ☐ le tigre    b ☐ l'éléphant    c ☐ le pingouin

**5** Est-ce que tu connais d'autres animaux? Comment est-ce qu'ils font? | Welche Tiere kennst du noch? Was machen sie für Geräusche?

COCORICO    KIKERIKI

**CD 29** **6** Écoute et complète le poème. | Hör dir das Gedicht an. Die Tiere reimen sich mit den Vornamen ihrer Besitzer. Vervollständige das Gedicht mit den Tieren und schreibe in die Backformen.

1. J'aime le (            ) de Bastien.    5. J'aime le (            ) d'Esther.

2. J'aime le (            ) de Natacha.    6. J'aime le (            ) de Chantal.

3. J'aime le (            ) de Robin.    7. Et j'aime la (            ) de Marie.

4. J'aime le (            ) d'Alisson.

**7** Tu as un animal? Raconte. | Hast du ein Haustier? Erzähle. Wenn du kein Haustier hast, sage, welches Tier dein Lieblingstier ist.

J'ai un 🐱. Mon chat s'appelle ___.

Mon animal préféré, c'est le 🐬.

## VOLET 1

### Vocabulaire

**1** Retrouve les noms. | Bringe die Buchstaben in die richtige Reihenfolge und schreibe die Wörter auf.

1. èrme    2. rèep    3. osinuc    4. drang-erèp    5. lifle    6. sifl

7. rusœ    8. conle    9. grnad-emrè    10. netat    11. isonuce    12. rèref

1. ma _____    5. mon _____    9. mon _____

2. mon _____    6. ma _____    10. mon _____

3. ma _____    7. mon _____    11. ma _____

4. ma _____    8. ma _____    12. mon _____

**2 a** Voilà la famille de Clara. Complète les mots croisés. | Löse das Kreuzworträtsel zu Claras Familie.
(▶ Texte, p. 46)

1. Clara, c'est la [?] de Franck.
2. Alexandre, c'est le [?] d'Élise.
3. Muriel et Frédéric sont les [?] de Philippe.
4. La sœur de Franck, c'est la [?] de Clara.
5. Camille et Clara sont les [?] d'Alexandre.
6. Paul est le [?] de Manon.
7. David, c'est l' [?] de Clara.
8. Philippe est le [?] de David.
9. Franck, c'est le [?] de Camille.
10. Monique est la [?] d'Élise.
11. Isabelle, c'est la [?] de Louise.

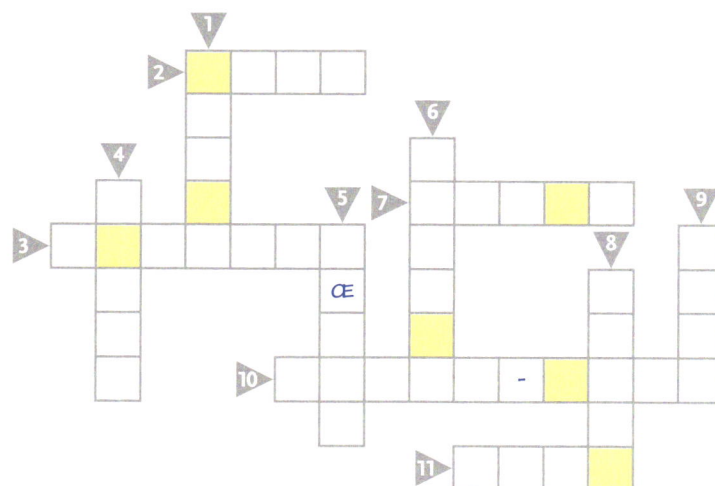

**b** Trouve le mot-clé. | Die markierten Felder ergeben ein Lösungswort. Schreibe es auf.

la _____

| | | | |
|---|---|---|---|
| | la table | | la porte |
| le crayon | | la fenêtre | |
| | le cahier | | la règle |
| l'ordinateur | | le tableau | |
| | la chaise | | le livre |
| le stylo | | le classeur | |

A

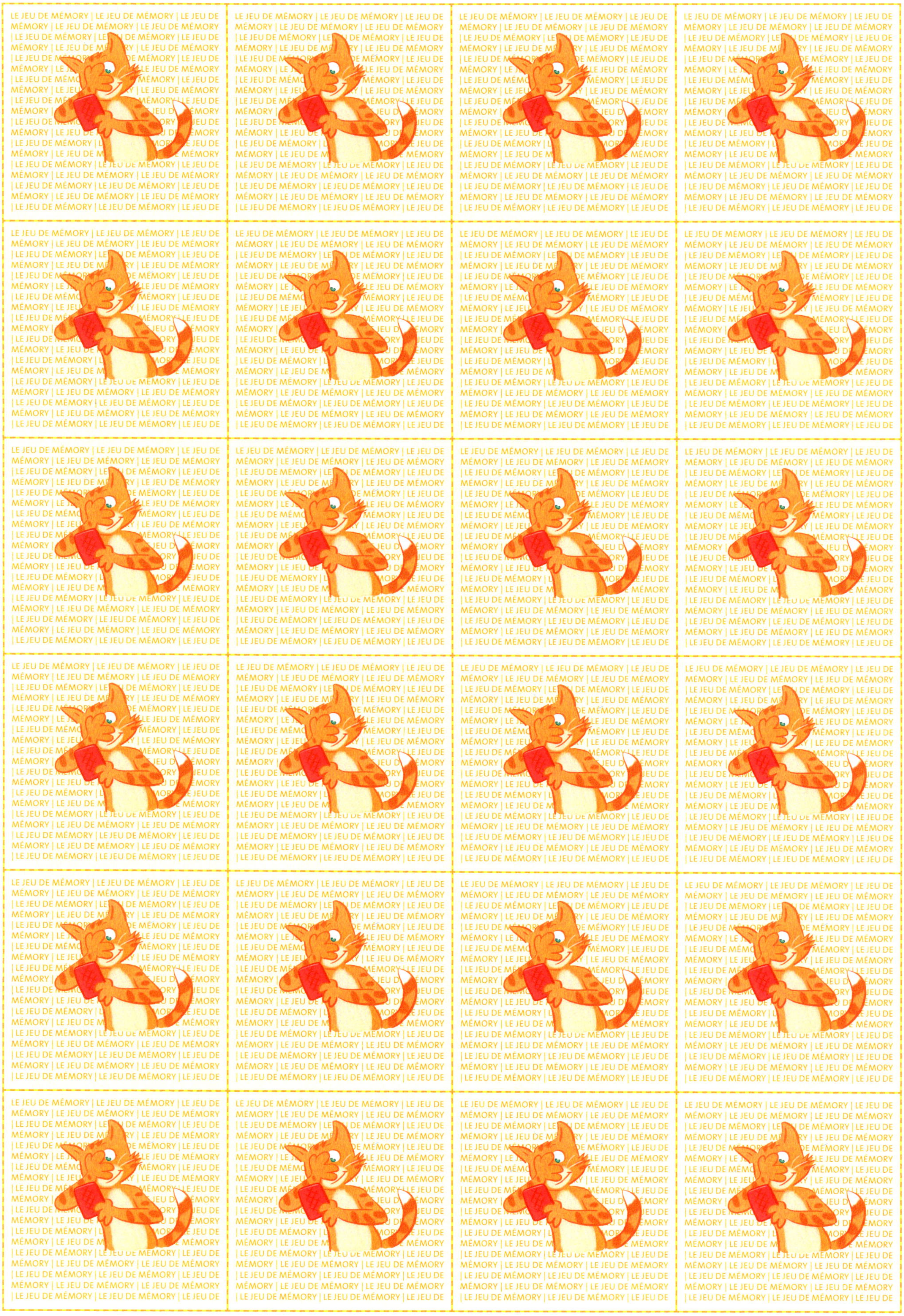
LE JEU DE MÉMORY

**Famille Bikini**
la **mère** | le fils
la fille | le grand-père
la grand-mère

**Famille Bikini**
la mère | **le fils**
la fille | le grand-père
la grand-mère

**Famille Bikini**
la mère | le fils
**la fille** | le grand-père
la grand-mère

**Famille Bikini**
la mère | le fils
la fille | **le grand-père**
la grand-mère

**Famille Bikini**
la mère | le fils
la fille | le grand-père
**la grand-mère**

**Famille Cervot**
**le père** | la mère
le fils | la fille
le grand-père

**Famille Cervot**
le père | **la mère**
le fils | la fille
le grand-père

**Famille Cervot**
le père | la mère
**le fils** | la fille
le grand-père

**Famille Cervot**
le père | la mère
le fils | **la fille**
le grand-père

**Famille Cervot**
le père | la mère
le fils | la fille
**le grand-père**

**Famille Tréchic**
**le père** | la mère
le fils | la fille
la grand-mère

**Famille Tréchic**
le père | **la mère**
le fils | la fille
la grand-mère

**Famille Tréchic**
le père | la mère
**le fils** | la fille
la grand-mère

**Famille Tréchic**
le père | la mère
le fils | **la fille**
la grand-mère

**Famille Tréchic**
le père | la mère
le fils | la fille
**la grand-mère**

**Famille Désil**
**le père** | la mère
la fille | le grand-père
la grand-mère

**Famille Désil**
le père | **la mère**
la fille | le grand-père
la grand-mère

**Famille Désil**
le père | la mère
**la fille** | le grand-père
la grand-mère

**Famille Désil**
le père | la mère
la fille | **le grand-père**
la grand-mère

**Famille Désil**
le père | la mère
la fille | le grand-père
**la grand-mère**

B

# Le jeu des 8 familles

Für 2 bis 6 Spieler

**Ziel:** Möglichst viele Familien sammeln.

❶ Mischt die Karten. Jeder Spieler erhält 5 Karten. Die restlichen Karten kommen auf einen Stapel in die Mitte.

❷ Sortiert eure Karten nach Familien. Jede Familie hat fünf Mitglieder.

❸ Der Spieler, der links vom Kartengeber sitzt, beginnt und fragt einen beliebigen Mitspieler nach einer Karte, die ihm zur Bildung einer Familie fehlt. Wenn der Gefragte die Karte hat, muss er sie abgeben und der erste Spieler darf weiterfragen.

❹ Wenn der Gefragte die Karte nicht hat, muss der, der gefragt hat, eine Karte vom Stapel in der Mitte ziehen. Jetzt ist derjenige an der Reihe, der zuletzt befragt wurde.

❺ Sobald ein Spieler eine vollständige Familie besitzt, ruft er „Famille" und legt sie offen vor sich auf den Tisch.

**So fragst du:**
▶ Dans la famille Lecha, je voudrais (le père). | Aus der Familie Lecha hätte ich gern (den Vater).

**So antwortest du:**
▶ Voilà (la grand-mère).
▶ Non, je n'ai pas (la mère).
▶ Désolé, pioche! | Pech gehabt! Du musst ziehen!

**So gewinnst du:**
▶ Famille!
▶ J'ai une famille! / J'ai la famille (Piknik)!

**Famille Lecha**
**le père** | le fils | la fille
le grand-père
la grand-mère

**Famille Lecha**
le père | **le fils** | la fille
le grand-père
la grand-mère

**Famille Lecha**
le père | le fils | **la fille**
le grand-père
la grand-mère

**Famille Lecha**
le père | le fils | la fille
**le grand-père**
la grand-mère

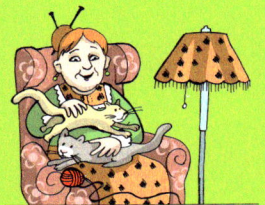

**Famille Lecha**
le père | le fils | la fille
le grand-père
**la grand-mère**

**Famille Piknik**
**le père** | la mère
le fils | la fille
la grand-mère

**Famille Piknik**
le père | **la mère**
le fils | la fille
la grand-mère

**Famille Piknik**
le père | la mère
**le fils** | la fille
la grand-mère

**Famille Piknik**
le père | la mère
le fils | **la fille**
la grand-mère

**Famille Piknik**
le père | la mère
le fils | la fille
**la grand-mère**

**Famille Costo**
**le père** | le fils | la fille
le grand-père
la grand-mère

**Famille Costo**
le père | **le fils** | la fille
le grand-père
la grand-mère

**Famille Costo**
le père | le fils | **la fille**
le grand-père
la grand-mère

**Famille Costo**
le père | le fils | la fille
**le grand-père**
la grand-mère

**Famille Costo**
le père | le fils | la fille
le grand-père
**la grand-mère**

**Famille Mifaçol**
**le père** | la mère
le fils | le grand-père
la grand-mère

**Famille Mifaçol**
le père | **la mère**
le fils | le grand-père
la grand-mère

**Famille Mifaçol**
le père | la mère
**le fils** | le grand-père
la grand-mère

**Famille Mifaçol**
le père | la mère
le fils | **le grand-père**
la grand-mère

**Famille Mifaçol**
le père | la mère
le fils | le grand-père
**la grand-mère**

C

JEU DES 8 FAMILLES | JEU DES 8 FAMILLES | JEU DES 8
FAMILLES | JEU DES 8 FAMILLES | JEU DES 8 FAMILLES |
JEU DES 8 FAMILLES | JEU DES 8 FAMILLES | JEU DES 8
FAMILLES | JEU DES 8 FAMILLES | JEU DES 8 FAMILLES |
JEU DES 8 FAMILLES | JEU DES 8 FAMILLES | JEU DES 8
FAMILLES | JEU DES 8 FAMILLES | JEU DES 8 FAMILLES |
JEU DES 8 FAMILLES | JEU DES 8 FAMILLES | JEU DES 8
FAMILLES | JEU DES 8 FAMILLES | JEU DES 8 FAMILLES |
JEU DES 8 FAMILLES | JEU DES 8 FAMILLES | JEU DES 8
FAMILLES | JEU DES 8 FAMILLES | JEU DES 8 FAMILLES |
JEU DES 8 FAMILLES | JEU DES 8 FAMILLES | JEU DES 8
FAMILLES | JEU DES 8 FAMILLES | JEU DES 8 FAMILLES |
JEU DES 8 FAMILLES | JEU DES 8 FAMILLES | JEU DES 8
FAMILLES | JEU DES 8 FAMILLES | JEU DES 8 FAMILLES |
JEU DES 8 FAMILLES | JEU DES 8 FAMILLES | JEU DES 8
FAMILLES | JEU DES 8 FAMILLES | JEU DES 8 FAMILLES |
JEU DES 8 FAMILLES | JEU DES 8 FAMILLES | JEU DES 8
FAMILLES | JEU DES 8 FAMILLES | JEU DES 8 FAMILLES |
JEU DES 8 FAMILLES | JEU DES 8 FAMILLES | JEU DES 8
FAMILLES | JEU DES 8 FAMILLES | JEU DES 8 FAMILLES |
JEU DES 8 FAMILLES | JEU DES 8 FAMILLES | JEU DES 8

JEU DES 8 FAMILLES | JEU DES 8 FAMILLES | JEU DES 8
FAMILLES | JEU DES 8 FAMILLES | JEU DES 8 FAMILLES |
JEU DES 8 FAMILLES | JEU DES 8 FAMILLES | JEU DES 8
FAMILLES | JEU DES 8 FAMILLES | JEU DES 8 FAMILLES |
JEU DES 8 FAMILLES | JEU DES 8 FAMILLES | JEU DES 8
FAMILLES | JEU DES 8 FAMILLES | JEU DES 8 FAMILLES |
JEU DES 8 FAMILLES | JEU DES 8 FAMILLES | JEU DES 8
FAMILLES | JEU DES 8 FAMILLES | JEU DES 8 FAMILLES |
JEU DES 8 FAMILLES | JEU DES 8 FAMILLES | JEU DES 8
FAMILLES | JEU DES 8 FAMILLES | JEU DES 8 FAMILLES |
JEU DES 8 FAMILLES | JEU DES 8 FAMILLES | JEU DES 8
FAMILLES | JEU DES 8 FAMILLES | JEU DES 8 FAMILLES |
JEU DES 8 FAMILLES | JEU DES 8 FAMILLES | JEU DES 8
FAMILLES | JEU DES 8 FAMILLES | JEU DES 8 FAMILLES |
JEU DES 8 FAMILLES | JEU DES 8 FAMILLES | JEU DES 8
FAMILLES | JEU DES 8 FAMILLES | JEU DES 8 FAMILLES |
JEU DES 8 FAMILLES | JEU DES 8 FAMILLES | JEU DES 8
FAMILLES | JEU DES 8 FAMILLES | JEU DES 8 FAMILLES |
JEU DES 8 FAMILLES | JEU DES 8 FAMILLES | JEU DES 8
FAMILLES | JEU DES 8 FAMILLES | JEU DES 8 FAMILLES |
JEU DES 8 FAMILLES | JEU DES 8 FAMILLES | JEU DES 8

JEU DES 8 FAMILLES | JEU DES 8 FAMILLES | JEU DES 8
FAMILLES | JEU DES 8 FAMILLES | JEU DES 8 FAMILLES |
JEU DES 8 FAMILLES | JEU DES 8 FAMILLES | JEU DES 8
FAMILLES | JEU DES 8 FAMILLES | JEU DES 8 FAMILLES |
JEU DES 8 FAMILLES | JEU DES 8 FAMILLES | JEU DES 8
FAMILLES | JEU DES 8 FAMILLES | JEU DES 8 FAMILLES |
JEU DES 8 FAMILLES | JEU DES 8 FAMILLES | JEU DES 8
FAMILLES | JEU DES 8 FAMILLES | JEU DES 8 FAMILLES |
JEU DES 8 FAMILLES | JEU DES 8 FAMILLES | JEU DES 8
FAMILLES | JEU DES 8 FAMILLES | JEU DES 8 FAMILLES |
JEU DES 8 FAMILLES | JEU DES 8 FAMILLES | JEU DES 8
FAMILLES | JEU DES 8 FAMILLES | JEU DES 8 FAMILLES |
JEU DES 8 FAMILLES | JEU DES 8 FAMILLES | JEU DES 8
FAMILLES | JEU DES 8 FAMILLES | JEU DES 8 FAMILLES |
JEU DES 8 FAMILLES | JEU DES 8 FAMILLES | JEU DES 8
FAMILLES | JEU DES 8 FAMILLES | JEU DES 8 FAMILLES |
JEU DES 8 FAMILLES | JEU DES 8 FAMILLES | JEU DES 8
FAMILLES | JEU DES 8 FAMILLES | JEU DES 8 FAMILLES |
JEU DES 8 FAMILLES | JEU DES 8 FAMILLES | JEU DES 8
FAMILLES | JEU DES 8 FAMILLES | JEU DES 8 FAMILLES |
JEU DES 8 FAMILLES | JEU DES 8 FAMILLES | JEU DES 8

JEU DES 8 FAMILLES | JEU DES 8 FAMILLES | JEU DES 8
FAMILLES | JEU DES 8 FAMILLES | JEU DES 8 FAMILLES |
JEU DES 8 FAMILLES | JEU DES 8 FAMILLES | JEU DES 8
FAMILLES | JEU DES 8 FAMILLES | JEU DES 8 FAMILLES |
JEU DES 8 FAMILLES | JEU DES 8 FAMILLES | JEU DES 8
FAMILLES | JEU DES 8 FAMILLES | JEU DES 8 FAMILLES |
JEU DES 8 FAMILLES | JEU DES 8 FAMILLES | JEU DES 8
FAMILLES | JEU DES 8 FAMILLES | JEU DES 8 FAMILLES |
JEU DES 8 FAMILLES | JEU DES 8 FAMILLES | JEU DES 8
FAMILLES | JEU DES 8 FAMILLES | JEU DES 8 FAMILLES |
JEU DES 8 FAMILLES | JEU DES 8 FAMILLES | JEU DES 8
FAMILLES | JEU DES 8 FAMILLES | JEU DES 8 FAMILLES |
JEU DES 8 FAMILLES | JEU DES 8 FAMILLES | JEU DES 8
FAMILLES | JEU DES 8 FAMILLES | JEU DES 8 FAMILLES |
JEU DES 8 FAMILLES | JEU DES 8 FAMILLES | JEU DES 8
FAMILLES | JEU DES 8 FAMILLES | JEU DES 8 FAMILLES |
JEU DES 8 FAMILLES | JEU DES 8 FAMILLES | JEU DES 8
FAMILLES | JEU DES 8 FAMILLES | JEU DES 8 FAMILLES |
JEU DES 8 FAMILLES | JEU DES 8 FAMILLES | JEU DES 8
FAMILLES | JEU DES 8 FAMILLES | JEU DES 8 FAMILLES |
JEU DES 8 FAMILLES | JEU DES 8 FAMILLES | JEU DES 8

# Die Satzmaschine

Mit der Satzmaschine lassen sich ganz einfach französische Sätze bilden und üben.

Eine Bastel- und Gebrauchsanweisung befindet sich auf der Rückseite dieser Pappseite – viel Spaß!

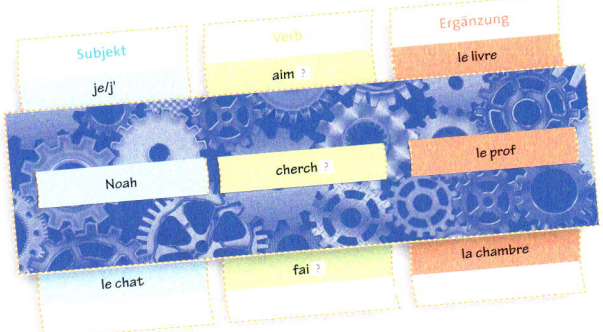

**Cornelsen**

*À plus!* Die Satzmaschine

## Ergänzung

le livre

le foot

le prof

la télé

la chambre

## Verb

aim ?

regard ?

cherch ?

écout ?

fai ?

## Subjekt

je/j'

tu

Noah

Yasmine et Clara

le chat

D

# Bastel- und Gebrauchsanleitung für die Satzmaschine

1. Schneide die Streifen Subjekt, Verb, Ergänzung und die Satzmaschine aus.

2. Schneide Schlitze entlang der gestrichelten Linien in die Satzmaschine.

3. Trage auf dem Streifen Subjekt weitere Subjekte (z. B. *Jade, le frère*) und auf dem Streifen Verb weitere Verben ein, die eine Ergänzung mit sich führen (z. B. *adorer, détester*) – bei Bedarf auch auf der Rückseite. Schreibe auf den Streifen Ergänzung weitere mögliche Ergänzungen.

4. Stecke die Streifen so durch die Schlitze der Satzmaschine, dass du die Wörter in den drei Fenstern sehen kannst.

5. Bilde nun mit Hilfe deiner Satzmaschine sinnvolle Sätze. Vergiss nicht, das Verb zu konjugieren.

## Écouter et comprendre

CD 30 **3** Écoute et remets dans l'ordre. | Hier stellen drei Personen ihre Familie vor. Hör zu und ordne die Bilder in der Reihenfolge, in der sie vorgestellt werden. Schreibe die Zahlen in die Kästchen.

## Grammaire

**4** Complète. Utilise *mon*, *ma* ou *mes*. (▶Repères, p. 59/1)

Dans _____ chambre, il y a un coin photos. Sur une photo, il y a _____ parents. Ils sont à

Paris avec _____ sœur. Il y a aussi une photo avec _____ père et _____ tante Charlotte.

Ils sont chez _____ grands-parents. Il y a une photo avec _____ oncle Mario, _____ mère,

_____ cousine Lorette et _____ grand-père. Ils sont chez _____ arrière-grand-mère à Nice,

Il y a aussi une photo de _____ cousines Germaine et Léonie. Elles sont dans _____ chambre,

devant _____ coin photos.

# VOLET 2

## Vocabulaire

**1**   Regarde la carte et complète. Utilise *à, entre, en, près de*.

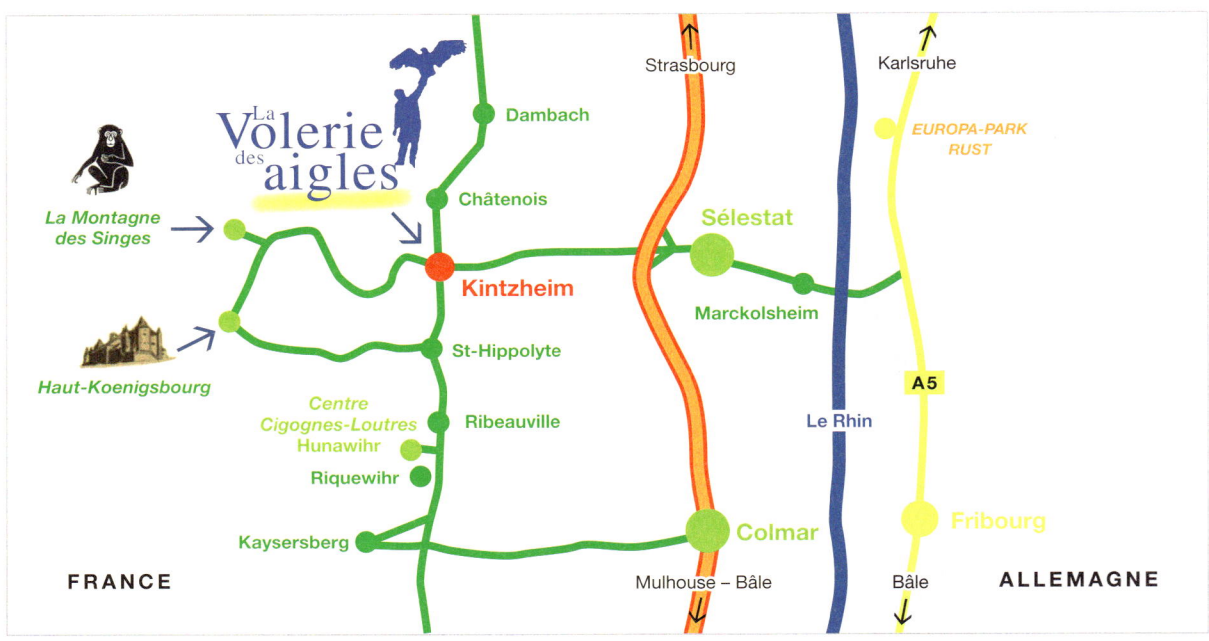

La Volerie des aigles[1] est _____ France, _____ Kintzheim. Kintzheim est

_____ Sélestat. Sélestat est _____ Colmar et Strasbourg. Le «Europa-Park» est

_____ Allemagne, _____ Rust. Rust est _____ Karlsruhe et Fribourg.

Le Rhin est _____ la France et l'Allemagne. Et la Montagne des singes[2]? Elle est aussi

_____ France, _____ la Volerie des aigles.

1 **la Volerie des aigles** der Greifvogelpark   2 **la Montagne des singes** der Affenberg

**2**   Relie. | Leon unterhält sich mit seinem französischen Freund Alex. Leon spricht Deutsch, Alex versteht ihn, antwortet jedoch auf Französisch. Was antwortet Alex? Verbinde.

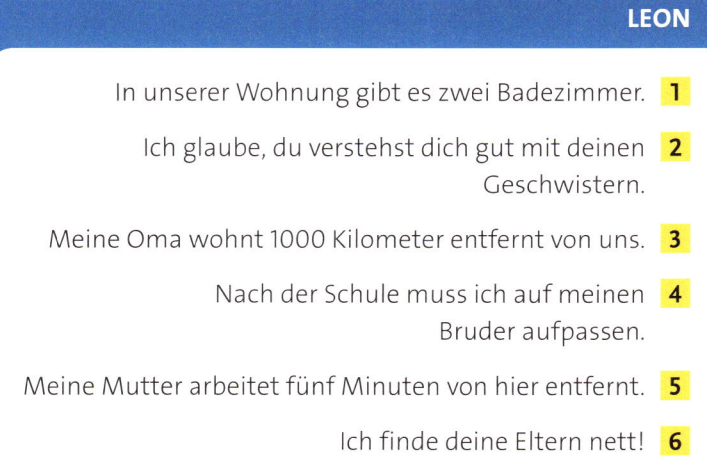

| LEON | ALEX |
|---|---|
| In unserer Wohnung gibt es zwei Badezimmer. **1** | **a** C'est loin! |
| Ich glaube, du verstehst dich gut mit deinen Geschwistern. **2** | **b** C'est pratique! |
| Meine Oma wohnt 1000 Kilometer entfernt von uns. **3** | **c** Mon père, ça va, mais ma mère ... elle m'énerve! |
| Nach der Schule muss ich auf meinen Bruder aufpassen. **4** | **d** C'est pénible, non? |
| Meine Mutter arbeitet fünf Minuten von hier entfernt. **5** | **e** Oui, on rigole bien! |
| Ich finde deine Eltern nett! **6** | **f** Alors, elle est vite à la maison! |

## Écouter et comprendre

CD
31
**3**   Écoute et complète le dialogue.  |  Hör dir die Dialoge an. Sprich die fehlende Wörter zuerst nach. Dann schreibe sie auf.

| c'est tout près | Je garde mon frère | mes parents rentrent tard |
|---|---|---|
| on rigole bien | | tu habites où |

1. – Tom, _____ ?

2. – Rue d'Austerlitz.

3. – Cool, _____ . Alors, on rentre ensemble?

4. – Oui! Qu'est-ce que tu fais maintenant?

5. – _____ ... Il m'énerve!

6. – Ben moi, _____ . Alors, je garde ma

   sœur. Mais mon frère est là et _____ .

7. – Cool!

## Grammaire

**4  a**  Forme les phrases. Utilise *ton*, *ta*, *tes* et *mon*, *ma*, *mes*.   (▶ Repères, p. 59/1)

  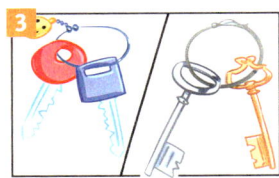 

1. <u>Voilà ta chambre et voilà ma chambre.</u>

2. _____

3. _____

4. _____

**b**  Continue avec *frère*, *parents*, *sœur*, *amie*, *copains*, *copines*, *école*. Écris les phrases.

_____

_____

_____

_____

## Regarder et comprendre

DVD
4

**5** **a** Ils habitent où? Regarde la séquence et réponds.

RUE DE LYON

RUE DU PARC

AVENUE DE L'EUROPE

RUE ROLLER

RUE DU MÉTRO

Nicolas

Robin

DVD
4

**b** Vrai ou faux? Coche. | Richtig oder falsch? Kreuze an.

|  | vrai | faux |
|---|---|---|
| Les deux garçons rentrent ensemble. | ☐ | ☐ |

## Écrire

**6** Regarde l'album de photos de Gabriel et complète les commentaires. Imagine. | Stell dir vor, was Gabriel zu seinen Fotos erzählen könnte und schreibe in dein Heft.

1

Là, c'est moi, Gabriel, je suis dans _____.

2

Et voilà _____. Ils sont _____.

3

4

# VOLET 3

## Lire et comprendre

**1** C'est qui? Relis les textes, p. 51, et réponds. | Lies die Texte auf S. 51 deines Buches noch einmal und vergleiche. Von wem ist in den sechs Sätzen die Rede?

C'est …

1. Il habite à Paris avec son père et son frère. _____.

2. Elle joue beaucoup avec ses frères et sœurs. _____.

3. Son père habite à Genève avec sa femme et les deux fils de sa femme. _____.

4. Ses sœurs ont 5 et 7 ans. _____.

5. Il est toujours dans sa chambre avec son hamster. _____.

6. Ses frères ont 18 et 20 ans. _____.

**2** Vrai ou faux? Coche la bonne réponse et corrige les phrases fausses.   (▶ Textes, p. 51)

|  | vrai | faux |
|---|---|---|
| 1. Jade est de Genève, mais elle habite à Strasbourg. | ☐ | ☐ |
| 2. Ses parents sont séparés et la femme de son père est sympa. | ☐ | ☐ |
| 3. Mathilde a deux frères et une sœur. | ☐ | ☐ |
| 4. Elle joue beaucoup avec ses frères et sœurs. | ☐ | ☐ |
| 5. Paul habite avec sa mère à Colmar. | ☐ | ☐ |
| 6. Son hamster, c'est son copain. | ☐ | ☐ |
| 7. Le beau-père de Maxime est sympa. | ☐ | ☐ |
| 8. Julien a trois frères. | ☐ | ☐ |
| 9. Il passe le week-end à Paris avec son père. | ☐ | ☐ |

_____

_____

_____

_____

_____

_____

_____

_____

## Écouter et comprendre

CD
32
**3** Écoute et complète. | Die Geschwister der Kinder, die die Leserbriefe im Buch, S. 51, geschrieben haben, melden sich zu Wort. Lies die Briefe noch einmal und hör dir danach diese Texte an. Ergänze die Sätze mit den richtigen Namen. Ein Name bleibt übrig.

1. Arthur est dans la famille de _____.

2. Rose est dans la famille de _____.

3. Clément est dans la famille de _____.

Mathilde?

Simon?

Paul?

Jade?

## Vocabulaire

**4** Retrouve les nombres de *un* à *dix* dans la grille et complète. | Finde die Zahlen von *1–10* im Wortgitter wieder und schreibe sie auf.

| A | S | N | E | U | F | A | D | E | R |
|---|---|---|---|---|---|---|---|---|---|
| U | N | D | G | I | H | S | I | N | U |
| D | E | U | F | R | A | H | U | I | T |
| A | L | A | D | E | U | X | I | K | O |
| U | S | E | P | T | I | O | U | P | O |
| Q | U | A | T | D | I | X | S | I | Z |
| S | I | S | T | R | O | S | I | X | L |
| T | R | O | I | S | A | C | I | N | K |
| J | O | U | Q | U | A | T | R | E | S |
| C | I | N | Q | U | T | R | I | L | B |

1. <u>un</u> _____    6. _____

2. _____    7. _____

3. _____    8. _____

4. _____    9. _____

5. _____    10. _____

**5** Écris le numéro des pages de ton carnet jusqu'à *vingt* en toutes lettres. | Schreibe die Seitenzahlen dieses Arbeitsheftes bis *20* aus.  (▶ Les nombres en français, p. 173)

## Grammaire

**6** Complète par *mon, ma, mes, ton, ta, tes, son, sa, ses*. | Lukas stellt Théo seine Familie vor. Ergänze den Dialog.

**Lukas:** Regarde. Là, c'est _____ père. Il parle

avec _____ tante Anna, c'est _____ sœur.

**Théo:** Et là, ce sont _____ grands-parents?

**Lukas:** Oui. Et les enfants entre _____ grand-père

et _____ grand-mère, ce sont _____ cousins.

**Théo:** Et là, c'est _____ mère?

**Lukas:** Oui. Et regarde, là c'est _____ cousine, Marie. Elle habite à Paris avec _____ père et

_____ belle-mère.

**Théo:** J'ai aussi un cousin à Paris! Il habite à Montmartre avec _____ parents et _____

grand-père.

**7** Complète avec le verbe à la forme qui convient. | Ergänze die Sätze mit der passenden Form des Verbs aus dem vorangehenden Satz. (▶La conjugaison des verbes, p. 174)

1. Le beau-père de Simon crie beaucoup. Et

   les parents de Zoé, ils _____ aussi?

2. – Tu habites à Illkirch?

   – Oui, et vous, vous

   _____ où?

3. Après l'école, Clara garde sa sœur.

   Moi, je _____ mon frère.

4. Clara rêve sur son lit. Et toi, tu

   _____ aussi?

5. Jade passe les vacances chez son père.

   Nous _____ le week-end

   ensemble.

6. – Yasmine, tu rentres avec ton frère?

   – Non, aujourd'hui, il _____

   avec ses copains, je _____

   avec vous.

   – Super, on _____

   ensemble!

**8 a** Retrouve les formes des verbes et complète. (▶La conjugaison des verbes, p. 174)

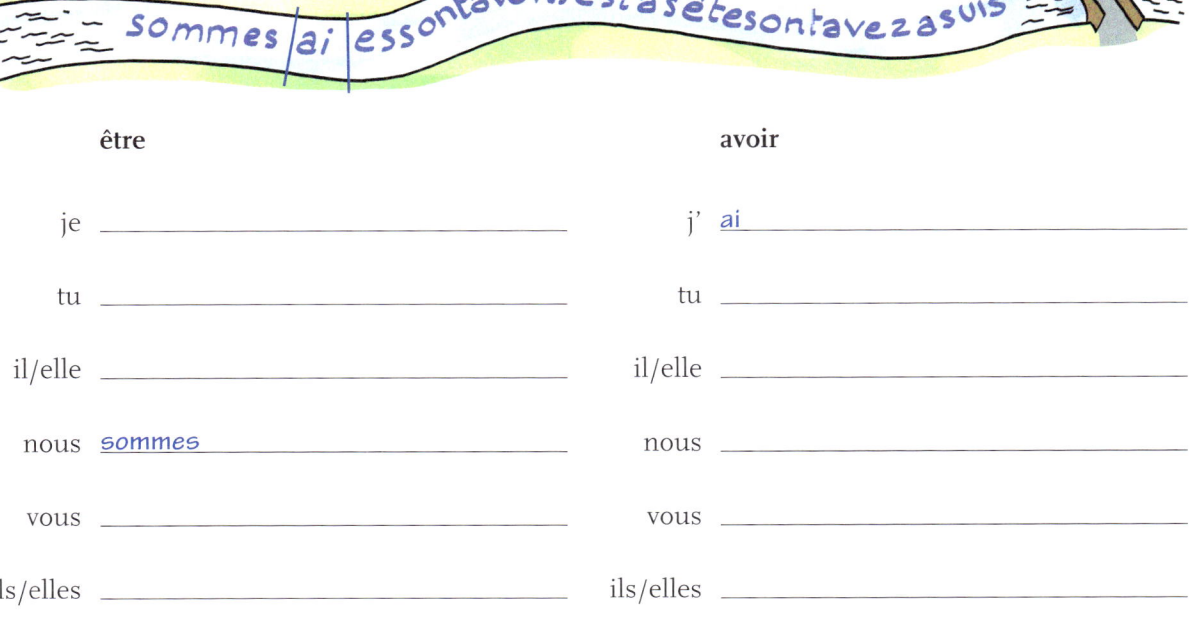

| être | | avoir | |
|---|---|---|---|
| je _____ | | j' _ai_____ | |
| tu _____ | | tu _____ | |
| il/elle _____ | | il/elle _____ | |
| nous _sommes_____ | | nous _____ | |
| vous _____ | | vous _____ | |
| ils/elles _____ | | ils/elles _____ | |

**b** *Être* ou *avoir*? | Ergänze Annabelles Brief mit den passenden Formen von *être* oder *avoir*.

## Comment ça va, dans ta famille?

### Ma famille

J'/Je _____ treize ans. Je/J' _____ de Strasbourg. Mes parents _____

séparés, alors, j'habite à Marseille avec ma mère, son copain et mes frères et sœurs. Nous

_____ trois enfants. Mon frère _____ quinze ans et ma sœur onze ans. Mon

frère _____ toujours avec ses copains. Ma sœur et moi, nous _____ toujours

ensemble. Nous _____ aussi un hamster, Chouchou. Le copain de ma mère

_____ sympa. Il _____ aussi des enfants. Ils _____ dix-neuf et

vingt ans. Pendant la semaine, ils _____ à Paris. Ils rentrent le week-end. On rigole bien!

### Annabelle

---

**9** Complète le poème. |
Vervollständige das Gedicht.

Azouz

Du kannst auch
einen Rap daraus
machen.

1 **Toulouse** *Stadt in Südfrankreich*

2 **un tas de** *viele*

Moi, _____ Azouz.

Je suis _____ Toulouse[1].

_____ en cinquième

Avec _____ Bassem.

5 _____ père _____ à Paris.

Ma _____ travaille ici.

J'_____ des frères et sœurs:

Deux _____ et une _____!

J'ai dix _____ et cousines

10 Et j'ai un tas de[2] copines!

---

## Écrire

**10** Et toi, comment ça va, dans ta famille? Écris une lettre comme Mathilde, Paul, Jade … Tu peux aussi
inventer une famille. | Schreibe einen Brief wie Mathilde, Paul, Jade, … Du kannst auch eine Familie
erfinden. (▶Textes, p. 51)

# VOLET 4

## Écouter et comprendre

CD 33 **1** Regarde les dessins et écoute. Qu'est-ce qui va ensemble? Note. | Ordne zu. Nicht alle Sprecher haben ein Tier und nicht alle Tiere haben einen Besitzer!

a Astrid    b Charles    c Florian    d Zoé    e Mélanie    f Abdel

1 ☐    2 ☐    3 ☐    4 ☐    5 ☐    6 ☐

**2 a** Ils ont quel âge, ces animaux? | Wie alt sind diese Tiere? Rechne und schreibe deine Ergebnisse auf.

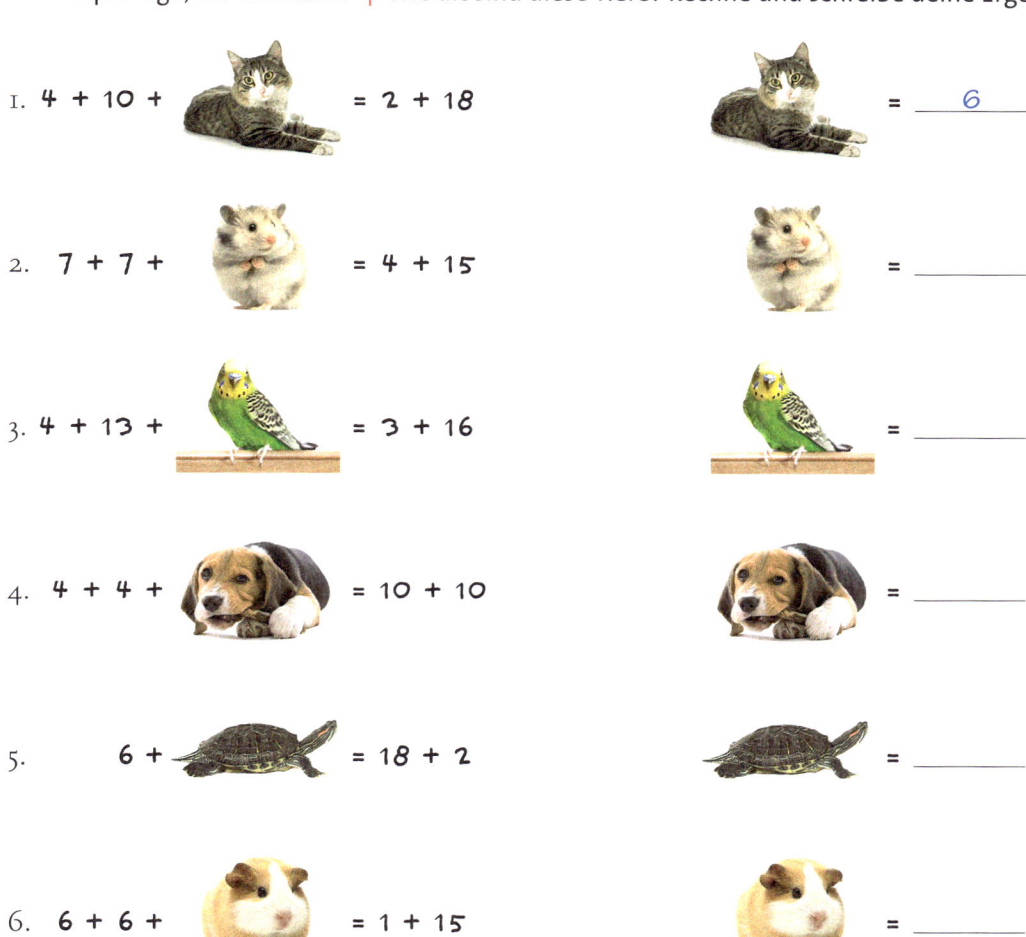

1. $4 + 10 +$ 🐱 $= 2 + 18$      🐱 $= \underline{6}$

2. $7 + 7 +$ 🐹 $= 4 + 15$      🐹 $= \underline{\quad}$

3. $4 + 13 +$ 🐦 $= 3 + 16$      🐦 $= \underline{\quad}$

4. $4 + 4 +$ 🐶 $= 10 + 10$      🐶 $= \underline{\quad}$

5. $6 +$ 🐢 $= 18 + 2$      🐢 $= \underline{\quad}$

6. $6 + 6 +$ 🐹 $= 1 + 15$      🐹 $= \underline{\quad}$

**b** Compare avec ton/ta partenaire. | Lest euch abwechselnd die Gleichung mit den Ergebnissen auf Französisch vor und vergleicht.

Exemple:
1. Quatre plus dix plus chat égale deux plus dix-huit.
   Chat égale six. Le chat a six ans.

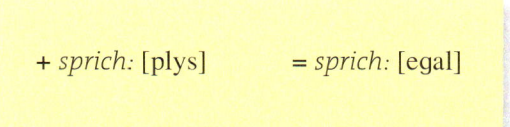

+ *sprich:* [plys]      = *sprich:* [egal]

## Grammaire et vocabulaire

**3**  Qu'est-ce qui va ensemble?
Relie.  (▶ Repères, p. 60/3)

| Il est | **1** | | **a** | intelligentes. |
| Elle est | **2** | | **b** | intelligent. |
| Ils sont | **3** | | **c** | intelligente. |
| Elles sont | **4** | | **d** | intelligents. |

**4 a**  Retrouve les adjectifs et écris-les. Puis, note la forme au féminin.

masculin                                     féminin

_____            _____

_____            _____

_____            _____

_____            _____

_____            _____

_____            _____

su jo ba sym ador intel mo

vard ligent pa che li per able

**b**  Complète. Utilise des adjectifs de **a**. Attention à l'accord! | Achte auf die Angleichung des Adjektivs!

**1** Il est

_____.

**2** La fille est

_____.

$Gi=(D.Gi)r_1+r_2\Sigma c_j$

**3** Ils sont

_____.

**4** Le chien est

_____.

**5** Elle est

_____.

**6** Elles sont

_____.

## Regarder et comprendre

**DVD 5**

**5**  Regarde la séquence et coche la bonne réponse. | Kreuze die richtige Aussage an.

1.  C'est une interview avec …
    ☐ Marie.  ☐ Laurine.

2.  Elle a …
    ☐ 11 ans.  ☐ 12 ans.

3.  Elle habite …
    ☐ 6, rue Anatole France à Levallois.
    ☐ 8, rue Anatole France à Charleroi.

4.  Elle a …
    ☐ deux sœurs et un frère.
    ☐ une sœur et deux frères.

5.  Elle a …
    ☐ un chien.  ☐ un chat.

6.  Son animal s'appelle …
    ☐ Théo.  ☐ Réglisse.

## Parler

**6** Prépare le dialogue et joue-le en classe. (▶ Méthodes, p. 163/13)

**a** Stell dir vor: Du hast eine/n französische/n Brieffreund/in. Fülle auf Französisch seinen/ihren Steckbrief aus.

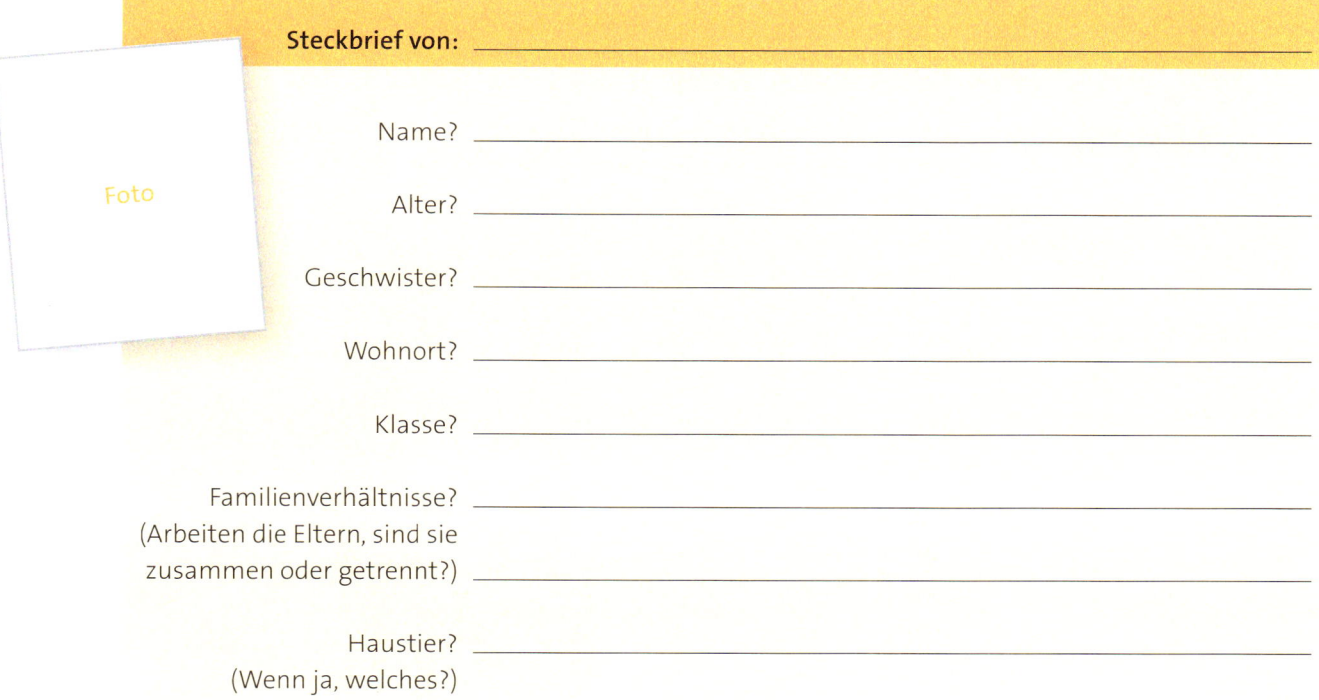

Foto

**Steckbrief von:** _____

Name? _____

Alter? _____

Geschwister? _____

Wohnort? _____

Klasse? _____

Familienverhältnisse?
(Arbeiten die Eltern, sind sie
zusammen oder getrennt?) _____

Haustier?
(Wenn ja, welches?) _____

**b** Auch dein/e Partner/in hat eine/n französische/n Brieffreund/in. A stellt B Fragen. B antwortet. Benutzt den Steckbrief, um auf die Fragen zu antworten.

**Du willst wissen,**

… wie der/die Brieffreund/in heißt.

… wie alt er/sie ist.

… ob er/sie Geschwister hat.

… wo er/sie wohnt.

… in welche Klasse er/sie geht.

… ob seine/ihre Eltern arbeiten, ob sie zusammen oder getrennt sind.

… ob er/sie ein Haustier hat.

**c** Tauscht die Rollen. A beantwortet die Fragen von B.

## Écrire

**7** Voilà ma famille. | Baptiste stellt seine Familie vor. Trenne die Wörter voneinander und schreibe den Text auf. Denke daran, die Akzente und Satzzeichen zu setzen.

JAIUNFREREILSAPPELLETOMILAQUINZEANSETVOILAMONCHATILESTSYMPA

_____

_____

_____

**8 a** Regarde l'image et réponds. | Schau dir das Bild an und antworte.

1. Dies ist …
   a ☐ eine Werbung für einen Zoo.
   b ☐ ein Filmplakat.
   c ☐ eine Anzeige für Ferien auf dem Bauernhof.

2. Woran erkennst du das?

   _____

   _____

   _____

**b** Décris l'image. | Beschreibe das Bild in deinem Heft. Dazu kannst du folgende Redemittel benutzen:

| À droite / À gauche<br>Devant/Derrière ___<br>Sur ___ | il y a ___.        Le ___ / La ___ est | adorable.<br>joli/e.<br>super, cool.<br>sympa.<br>moche. | le poussin¹<br>le cochon²<br>la poule³<br>le papillon⁴ |

Weitere Vokabeln kannst du auch in einem Wörterbuch nachschlagen.

1 **le poussin** das Küken  2 **le cochon** das Schwein  3 **la poule** das Huhn  4 **le papillon** der Schmetterling

**c** Un animal se présente et parle de ses copains. Raconte. | Ein Tier stellt sich vor. Schreibe in dein Heft, was es erzählt.

| Moi, c'est ___.<br>Je m'appelle ___.<br>Voilà mon ami/e ___. | *être* ensemble<br>*jouer* avec qn<br>*habiter* à<br>*rigoler*<br>*rêver* | Il/elle m'énerve.<br>*avoir* un caractère de chien | intelligent/e<br>bavard/e<br><br>___ |

# MA PAGE

## C'EST MON ANIMAL!

Présente ton animal préféré pour le concours de l'animal le plus sympa. | Stell dein Lieblingsstier für den Wettbewerb des schönsten Tieres vor. Verwende z. B. ein Foto und schreibe kleine Texte dazu. Diese Seite kannst du für dein Plakat in der *Tâche A* im Buch, S. 53, verwenden.

**1**   **Die Zahlen von 1 bis 20**

Donne les résultats de la course. |
Gib die Ergebnisse des Wettlaufs bekannt.

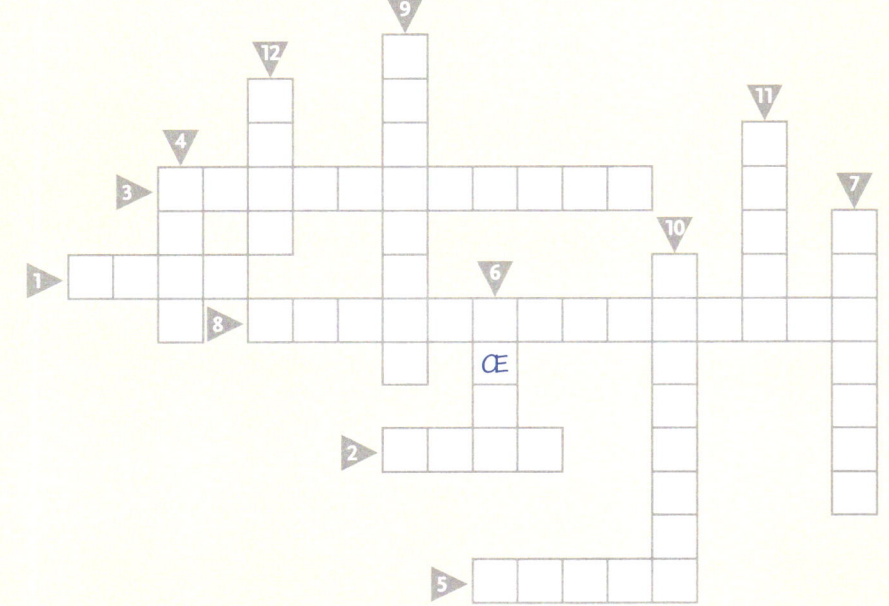

Voilà le quatre,

_____

_____

**2**   **Wortschatz**

**Complète.**

Le **1** et la **2** de Clara
ont un bar à jus de fruits.
Le week-end, ils **3**
aussi à la Vitamine C et
rentrent **4** .
Alors Clara, son
**5** Alexandre et sa
**6** Camille **7** le week-
end avec les **8** .
Ils **9** aussi à Strasbourg,
c'est **10** .
Et Filou, c'est qui? C'est
le **11** de Lukas?
Non, c'est le **12** de Clara.

**3**   **Die Verben *être* und *avoir***

**Complète.** | Vervollständige die Sätze mit den passenden Formen von *avoir* oder *être*.

Salut, moi c'_____ Ambre! J'_____ 13 ans. Je _____ en cinquième, dans

une école de Strasbourg. À la maison, nous _____ trois enfants. J'_____ un frère

et une sœur, Arthur et Anabelle. Ils _____ 14 et 15 ans. Ils _____ cool. Mon frère

_____ dans un groupe de rock. Ma sœur et moi, nous _____ une collection de

bédés. Il y _____ aussi Toby, le chien. Et vous, vous _____ des frères et sœurs?

Vous _____ aussi de Strasbourg?

## 4 Die Possessivbegleiter

**Complète. Utilise** *mon, ma, mes, ton, ta, tes, son, sa, ses*.

Salut Laurie!

Voilà des photos de _____ école. Les filles et les garçons, ce sont _____ copains. Il y a

Fiona et Jil. Fiona est toujours avec _____ guitare et Jil avec _____ bédés. Entre _____

deux copines, c'est Mehdi avec _____ frère Sami. Il est très sympa aussi. Il n'est pas dans

_____ classe, mais en cinquième.

Toi et _____ parents, ça va? _____ adresse, c'est toujours

3, place Bellecour à Lyon? J'ai toujours _____ livre sur les animaux!

À plus, _____ copine, Sara.

## 5 Das Adjektiv

**Mets les noms et les adjectifs à la forme correcte. | Ergänze mit den Nomen und den Adjektiven in der richtigen Form.**

1. Le _____ de Lukas est _____. (chien / intelligent)

2. Mes _____ sont _____. (frère et sœur / bavard)

3. La _____ de Léo est _____. (chambre / joli)

4. Tes _____ sont _____. (tante / bavard).

5. Les _____ de Clara sont _____. (cousin / sympa)

## 6 Qu'est-ce qu'on dit?

**Dis le contraire! Dans certains cas, il y a plusieurs possibilités. | Sage das Gegenteil! In manchen Fällen gibt es mehrere Möglichkeiten.**

1. Ses parents rentrent **tard.** ≠ _____

2. La photo est **moche.** ≠ _____

3. Je passe les vacances à Strasbourg. **C'est l'horreur.** ≠ _____

_____

4. Ses parents **sont ensemble.** ≠ _____

5. Ma mère est **au chômage.** ≠ _____

6. Mon lapin est **adorable.** ≠ _____

# LE FRANÇAIS EN CLASSE (3)

**1** Qu'est-ce que tu dis? Coche. | Was sagst du auf Französisch? Kreuze an.

1. Du weißt etwas nicht.
   - a ☐ Je ne sais pas.
   - b ☐ Je ne comprends pas.
   - c ☐ J'ai une question.

2. Ist das richtig?
   - a ☐ C'est super?
   - b ☐ C'est juste?
   - c ☐ C'est tout près?

3. Du hast deine Hausaufgaben nicht.
   - a ☐ Je ne comprends pas l'exercice.
   - b ☐ Pardon Monsieur, j'ai une question.
   - c ☐ Je n'ai pas mes devoirs.

4. Du möchtest, dass dein Lehrer etwas wiederholt.
   - a ☐ Vous pouvez regarder, s'il vous plaît?
   - b ☐ Vous pouvez répéter, s'il vous plaît?
   - c ☐ Vous pouvez parler plus fort, s'il vous plaît?

**2** Retrouve les questions. | Lies die Antworten und schreibe die passenden Fragen auf.

1. _____ ?
   D'accord! Je suis B.

2. _____ ?
   Oui, c'est juste.

3. _____ ?
   D'accord, je note.

4. _____ ?
   Oui, ferme la fenêtre.

5. _____ ?
   Ça veut dire «Fenster».

6. _____ ?
   Oui, je répète, mais écoute bien!

**3** Retrouve les mots. | Finde die Wörter wieder und schreibe sie auf.

sem- · -credi · je- · ven- · ma- · -aine

lun- · -edi · -udi

-dredi · -rdi

mer- · -di · dim- · -anche · sam-

_____

_____

**4 a** Relie. | Sechs französische Wochentage wurden nach den Planeten und dem Mond benannt. Welcher Tag bezieht sich auf welchen Planeten? Verbinde.

lundi          mardi          mercredi          jeudi          vendredi          samedi

Mercure   Vénus   Lune   Mars   Jupiter   Saturne

**b** Note les jours de la semaine. | Schreibe die sieben Wochentage in der richtigen Reihenfolge auf.

_____

CD 34 **c** Écoute et répète. | Hör dir die Wochentage an, sprich nach und klatsche mit.

CD 35 **5 a** Écoute et complète le poème. | Hör dir das Gedicht an und vervollständige es.

1. Bonjour, Madame _____ !

2. Comment ça va, Madame _____ ?

3. Très bien, Madame _____ !

4. Dites[1] à Madame _____

5. De venir[2] _____

6. Danser[3] _____

7. Dans la salle de _____ .

1 **dites** ... sagen Sie  2 **de venir** zu kommen  3 **danser** tanzen

**b** À toi. Écris ton poème. | Du bist dran. Schreib ein eigenes Gedicht.

> comment ça va   très bien   pas mal   ça va   bof   super
> téléphoner   chatter   rêver   écouter des CD   jouer   travailler   regarder la télé   chanter
> la classe   l'école   la maison   la chambre   la cuisine   l'appartement   ___

1. _Bonjour, Monsieur Jeudi!_ _____

2. _____

3. _____

4. Dites à _____

5. De venir _____

6. _____

7. Dans _____ de _____

# IL EST QUELLE HEURE?

**1 a** Il est quelle heure? | Wie spät ist es? Schreibe die Nummer der Uhr zu der passenden Uhrzeit.

**CD
36**

**b** Écoute et répète. | Hör zu und sprich nach.

**2 a** Complète par *le* ou *et*. | Ergänze mit *le* oder *et*, wenn nötig.

1. `16:45` cinq heures moins ____le____ quart
2. `20:30` huit heures _____ demie
3. `16:35` cinq heures moins _____ vingt-cinq
4. `07:20` sept heures _____ vingt
5. `11:50` midi moins _____ dix
6. `08:15` huit heures _____ quart

**b** Note. | Schreibe auf, wie spät es ist.

**3** Il est quelle heure? | Wie spät ist es? Touristen fragen nach der Uhrzeit und verstehen die Antwort nicht. Du hilfst ihnen. Vervollständige die Tabelle.

| Es ist ... | | Il est ... |
|---|---|---|
| | | cinq heures et quart |
| zwanzig nach drei | 15:20 | |
| halb acht | | |
| | | midi dix |

**CD 37**

**4** **a** Écoute la chanson et complète. | Hör dir das Lied an und vervollständige es.

«Vite, Léonard,
On est en retard!
Il est _____.»

«Mais non, Constance,
5 Ta montre avance.
On n'est pas en retard
Et on n'est pas en avance.»

«Il est quelle heure?»

«Il est _____,

10 On est à l'heure.
À la bonne heure!»

*Refrain*
Avant l'heure, c'est pas l'heure,
Après l'heure, c'est plus l'heure.

Ne cherche pas _____ à

15 _____,
L'heure, c'est l'heure!

**b** Comment est-ce que tu dis cela? | Wie sagst du das auf Französisch? Finde die passenden Sätze im Lied wieder.

1. Wir sind zu spät.

_____

2. Deine Uhr geht vor.

_____

3. Wie spät ist es?

_____

4. Wir sind pünktlich.

_____

**c** À vous! | Fragt euch gegenseitig nach der Uhrzeit und antwortet.

Module _____ 63

## MES COPAINS ET MES ACTIVITÉS

CD 38

**1  a**  Qui fait quoi? Écoute et coche.  |  Wer macht was? Hör zu und kreuze an.

1.
A    le ◯◯◯◯◯
B    le ◯◯◯◯◯
C    le ◯◯◯◯◯

2.
A    la ◯◯◯◯◯
B    le ◯◯◯
C    le ◯◯◯◯◯

3.
A    le ◯◯◯◯◯
B    le ◯◯◯
C    l' ◯◯◯◯◯

4.
A    le ◯◯◯◯◯
B    l' ◯◯◯◯
C    le ◯◯◯

**b**  C'est quel sport? Écris les mots dans les moules.  |  Welche Sportart ist das? Schreibe die Wörter, die du kennst, in die Backformen oben.

CD 39

**2**  C'est quel instrument de musique? Écoute et coche.  |  Welches Musikinstrument hörst du? Kreuze das richtige an.

1. a ☐ le piano        b ☐ la flûte          c ☐ la trompette
2. a ☐ la guitare      b ☐ les percussions   c ☐ le violon
3. a ☐ la flûte        b ☐ les percussions   c ☐ le violon
4. a ☐ la trompette    b ☐ le violon         c ☐ le piano
5. a ☐ le violon       b ☐ la trompette      c ☐ la guitare
6. a ☐ le violon       b ☐ le piano          c ☐ les percussions

**3** Retrouve les mots et écris-les. | Finde die sechs Wörter wieder und schreibe sie zum passenden Bild.

vélocarteschantergymnastiquethéâtreskate

 1. faire de la _____

 4. _____

 2. jouer une partie de _____

 5. faire du _____

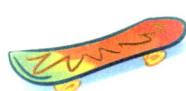 3. faire du _____

 6. faire du _____

CD 40 **4** **a** C'est qui? Écoute et devine. | Hör zu und finde heraus, wer spricht. Schreibe den passenden Vornamen auf.

A

B

C

D

E

F

1. C'est _____.  3. C'est _____.  5. C'est _____.

2. C'est _____.  4. C'est _____.  6. C'est _____.

 **b** Et toi? Qu'est-ce que tu fais? Est-ce que tu as un hobby? Raconte. | Und was machst du? Hast du ein Hobby? Tauscht euch zu zweit aus.

Mon hobby, c'est le judo.

Moi, je fais de la guitare.

## VOLET 1

### Vocabulaire

**1 a** Complète les mots croisés. | Löse das Kreuzworträtsel. Schreibe die Nomen ohne Artikel auf.

**b** Trouve le mot-clé. | Die markierten Felder ergeben ein Lösungswort. Schreibe es auf.

les ☐ ☐ ☐ ☐ ☐ V ☐ ☐ ☐ ☐

**2 a** Retrouve les mots et écris-les avec l'article défini. | Stelle die Nomen wieder richtig zusammen und schreibe sie mit dem bestimmten Artikel auf. (▶ Liste des mots, p. 198)

| | |
|---|---|
| gui | nis |
| thé | se |
| ten | tare |
| dan | âtre |
| percus | que |
| athlé | te |
| flû | sions |
| musi | tisme |

la guitare, _____

_____

_____

_____

**b** Range les mots de **b** dans la bonne colonne. | Ordne die Wörter aus **b** in die richtige Spalte ein. (▶ Repères, p. 77/1)

| On fait **du** | On fait **de la** | On fait **de l'** | On fait **des** |
|---|---|---|---|
| tennis | | | |
| | | | |
| | | | |
| | | | |

## Grammaire

**3** Complète par les formes de *faire*. | Ergänze die Sätze mit den Formen von *faire*. (▶ La conjugaison des verbes, p. 175)

1. – Yasmine, tu _____ du sport?

2. – Oui. Je _____ de l'athlétisme, et avec ma copine

   Clara, on _____ du théâtre. Et nous _____ aussi de la musique.

3. – Vous _____ de la musique ensemble?

4. – Oui.

5. – Et tes frères et sœurs?

6. – Mes deux frères _____ du foot et de l'athlétisme. Ma sœur _____ de la

   danse.

## Apprendre à apprendre

**4 a** Eine Höraufgabe, bei der du nur bestimmte Informationen verstehen sollst, kannst du so vorbereiten:

– Lies dir zunächst einmal die Aufgabe **b** genau durch und beantworte folgende Fragen:
1. Wie heißen die Personen, um die es geht?
2. Um welche Sportarten und Hobbys geht es?

– Hör dir jetzt erst den Text an und löse die Aufgabe **b**.

**CD 41**

**b** Écoute. Qui fait quoi? Relie. | Wer macht was? Ordne zu. Mehrere Antworten sind möglich.

Pierre **1**
Magali **2**
Inès **3**
Louis **4**

**a** fait de l'athlétisme.
**b** fait de la danse.
**c** fait des percussi.
**d** fait de l'aviron.
**e** fait du ski.
**f** fait du théâtre.
**g** fait de la guitare.

**c** Qu'est-ce qu'ils font? Utilise tes réponses de **b** et présente les quatre jeunes et leurs hobbys. | Verwende deine Antworten aus **b** und stelle die vier Jugendlichen und ihre Hobbys vor.

_____

_____

_____

_____

_____

## Lire et comprendre

**5 a** Regarde, lis et réponds.  |  Schau dir diese Anzeige an, lies sie und antworte.

# UCPa¹
vacances² ■ sportives

## Vacances sportives l'UCPA, c'est:

- Être actif toute l'anneé: **en été ou en hiver**, dans différentes régions: à la mer, à la montagne ou à la campagne.
- Plus de **60 activités sportives**: ski, snowboard, surf, catamaran, tennis, badminton, aviron, vélo, roller, équitation, golf ...
- **3 tranches d'âge**, pour trouver des nouveaux copains: Les kids (7–11ans), les teens (11–13 ans) et les juniors (13–17 ans)
- Un encadrement des activités par des **professionnels de l'animation** et des **moniteurs sportifs diplômés**.

1 UCPA (Union Nationale des Centres sportifs de plein air) Reiseveranstalter für Aktivurlaub    2 **les vacances** *f. pl.* die Ferien

1. Wofür wirbt diese Anzeige? _____
_____

2. Was wird angeboten? _____
_____

3. Wie viele Angebote gibt es? _____
_____

4. Für welche Altersgruppen sind die Angebote? _____
_____

**b** Vrai ou faux? Coche.  |  Richtig oder falsch? Lies die Anzeige noch einmal und kreuze an.

| À l'UCPA, ... | vrai | faux |
|---|---|---|
| 1. ... on fait de la musique. | ☐ | ☐ |
| 2. ... il y a seize sports. | ☐ | ☐ |
| 3. ... il y a aussi des activités, en hiver. | ☐ | ☐ |
| 4. ... ton frère (15 ans) et toi, vous faites du sport ensemble. | ☐ | ☐ |

# VOLET 2

## Vocabulaire

**1** Complète. | Ergänze die fehlenden Nomen.

Les hobbys de mes copains:

1. Mathéo fait du _____. Il aime aussi le _____

et il adore l'_____.

2. Flore fait de la _____. Elle adore aussi chanter. C'est l'horreur!

Le week-end, nous faisons du _____ ensemble.

3. Lili aime la _____ et le _____ et elle

adore le _____ et les _____.

4. Ludovic déteste le _____. Il aime la _____ et

il adore le _____. Il fait aussi de la _____.

## Écouter et comprendre

**2 a** Écoute le texte. | Hör dir den Text an. Von welchen Hobbys und Sportarten ist die Rede? Kreuze an. (▶ Apprendre à apprendre, p. 67/4a)

| | | | | | |
|---|---|---|---|---|---|
| X la musique classique | ☐ le théâtre | ☐ le tennis | ☐ le rap | ☐ danser | ☐ le vélo |
| ☐ chanter | ☐ le foot | ☐ la guitare | ☐ la bédé | ☐ les animaux | ☐ Titeuf |
| ☐ le dessin | ☐ le cinéma | ☐ le rock | ☐ le sport | ☐ l'athlétisme | ☐ la lecture |

**b** Écoute le texte encore une fois. Qui aime quoi? | Hör dir den Text noch einmal an und notiere, wer was mag oder nicht mag.

| | aime 🙂 | n'aime pas 🙁 |
|---|---|---|
| Mathilde | | |
| Paul | | |
| Margot | | |
| Arthur | | |

**c** Suche dir eine/n der vier Jugendlichen aus und stelle schriftlich vor, was diese Person mag oder nicht mag. Schreibe in dein Heft.

## Parler

**3** Fais le tandem avec ton/ta partenaire. | Mit diesem Tandembogen übt ihr:

| die Verben | aimer/adorer/détester/préférer | + le/la/l'/les | |
|---|---|---|---|
| und das Verb | faire | + du / de la / de l' / des | + Nomen. |

Lest euch noch einmal die Übungsanweisungen für die Tandembögen auf S. 14 durch. Vergesst nicht euer eigenes Beispiel in dem freien Feld am unteren Seitenrand aufzuschreiben.

| **Partenaire A** | **Partenaire B** |
|---|---|
| 1. **A:** Noah aime le sport? | 1. (A: Noah aime le sport?) |
| (B: Oui, il adore le sport. Il fait de l'athlétisme et du foot.) | B: Oui, il *(adorer* – le sport). Il *(faire –*  et – ). |
| 2. (B: Clara déteste le sport?) | 2. **B:** Clara déteste le sport? |
| **A:** Non, elle *(aimer* – le sport). Elle *(faire –* ). | (A: Non, elle aime le sport. Elle fait de l'athlé-tisme.) |
| 3. **A:** Lukas aime le sport? | 3. (A: Lukas aime le sport?) |
| (B: Oui, il aime le sport, il fait du tennis.) | B: Oui, il *(aimer* – le sport). Il *(faire –* ). |
| 4. (B: Il aime aussi la musique?) | 4. **B:** Il aime aussi la musique? |
| **A:** Oui, il *(aimer* – la musique). Il *(faire –* ). | (A: Oui, il aime la musique, il fait de la flûte.) |
| 5. **A:** Amandine aime la musique? | 5. (A: Amandine aime la musique?) |
| (B: Oui, elle adore la musique. Elle fait de la flûte.) | B: Oui, elle *(adorer* – la musique). Elle *(faire –* ). |
| 6. (B: Yanis déteste la musique?) | 6. **B:** Yanis déteste la musique? |
| **A:** Non, il *(adorer* – la musique). Il *(faire –* ). | (A: Non, il adore la musique et il fait des percussions.) |
| 7. A: _____ | 7. (A: _____) |
| (B: _____) | B: _____ |

## Grammaire

**4** Retrouve l'ordre des mots et écris les phrases. | Finde die Reihenfolge der Wörter wieder und schreibe die Sätze auf. (▶ Repères, p. 78/3)

1. rock  déteste  pas  ne  Ben  le . _____

2. aime  Lucie  pas  le  n'  dessin . _____

3. n'  là  Max  pas  est . _____

**5 a** Complète. Utilise *ne … pas*. (▶ Repères, p. 78/3)

Tu rêves, Clara?

Non, Monsieur, je _____, j'écoute.

Tu travailles?

Non, je _____, je regarde la télé.

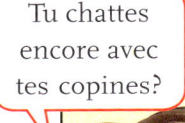

Tu chattes encore avec tes copines?

Mais non, je _____, je fais mes devoirs sur l'ordinateur.

Yasmine, tu es dans ta chambre?

Non, je _____ dans ma chambre, je suis dans la cuisine.

**b** À toi. Écris encore deux dialogues comme en **a**. | Schreibe zwei weitere Dialoge in dein Heft.

**6** Complète. | Ergänze mit den richtigen Formen von *préférer*.

1. Lou aime la guitare, mais elle _____*préfère*_____ les percussions.

2. Tu aimes la flûte, mais tu _____ la guitare?

3. Vous aimez le dessin, mais vous _____ la musique.

4. Tom et Marie aiment l'athlétisme, mais ils _____ le tennis.

5. Nous aimons le foot, mais nous _____ l'athlétisme. Et toi?

6. J'aime _____

**7** *Faire du, de la, de l', des* oder *aimer/adorer/préférer/détester le, la, l', les*? Complète. | Vervollständige die Texte.

Voilà Tim et son copain Tom. Ils font _____ aviron. Ils aiment aussi

_____ foot, mais ils préfèrent _____ aviron. Ils adorent _____

musique: Tim fait _____ guitare et Tom fait _____ percussions.

Et là, ce sont Lucie et sa copine Léa. Les deux filles font _____ théâtre. Elles

aiment aussi _____ musique: Lucie fait _____ guitare et Léa chante. Elles

font _____ musique avec Tim et Tom. Elles aiment aussi _____ dessin. Léa

adore _____ bédés de Titeuf. Mais les deux filles détestent _____ sport.

## Écrire

**8** Complète les mots par les bonnes lettres. | Setze die Buchstaben mit dem richtigen Akzent in die Wörter ein.

Moi, je d___teste le sport. Je pr___f___re le dessin.

Je fais aussi du th___ ___tre ___ l'___cole. Et j'aime

___tre avec mes copains.

é, è, ê, à, â

**9** Un copain français te pose des questions. Tu réponds dans ton cahier. | Ein französischer Freund stellt dir Fragen. Beantworte sie in deinem Heft.

1. Tu as quel âge?
2. Moi, j'habite à Marseille. Et toi?
3. J'ai une sœur et un frère. Et toi?
4. Tu as des animaux?
5. Qu'est-ce que tu préfères: le foot ou le tennis?
6. Mon groupe préféré, c'est les BB Brunes. Et ton groupe préféré?
7. Je fais de la danse. Et toi, qu'est-ce que tu fais?

**10** Présente ton copain / ta copine. Qu'est-ce qu'il/elle aime? Qu'est-ce qu'il/elle déteste? Qu'est-ce qu'il/elle fait? Raconte. | Stelle deine/n Freund/in vor. Erzähle, was er/sie gerne oder nicht gerne macht und welche Hobbys er/sie hat. Verwende:

| Il/Elle aime | le/la/l'/les ___. |
| Il/Elle n'aime pas | chanter/rêver/chatter. |
| Il/Elle adore | jouer/être ___. |
| Il/Elle déteste | regarder ___ / écouter ___. |
| Il/Elle préfère | faire du / de la / de l' / des ___. |

Sa ___ préférée, c'est ___
Son ___ préféré, c'est ___
Il/Elle est fan de ___
Son truc, c'est ___

# VOLET 3

## Lire et comprendre

**1** Lis les phrases et retrouve l'ordre du dialogue. Écris-le dans ton cahier. | Lies die Sätze und stelle die richtige Reihenfolge des Dialogs wieder her. Schreibe ihn in dein Heft. Die Buchstaben ergeben in der richtigen Reihenfolge ein Lösungswort.

- [ ] **É** – Oui, ça va.
- [ ] **I** – Je ne sais pas encore …
- [ ] **E** – Oh, merci, c'est sympa! C'est une super idée! Je demande à ma mère …
- [ ] **T** – Trop cool! On passe chez toi à 10 heures. D'accord?
- [ ] **B** – Écoute, dimanche, on veut faire une balade à la Montagne des singes et … je t'invite. Mes parents sont d'accord!
- [1] **L** – Qu'est-ce que tu fais, ce week-end?
- [ ] **R** – Super, ma mère est d'accord!

À la Montagne des singes, il y a des singes en ☐☐☐☐☐☐☐.

## Vocabulaire

**2 a** Matti hat die neuen Nomen des Volet 3 in ein Vokabellernprogramm eingegeben, aber das Programm spinnt und hat die Selbstlaute von den Mitlauten getrennt. Schreibe die Nomen vollständig mit dem bestimmten Artikel auf. (▶ Liste des mots, p. 201)

voyelles (Selbstlaute) = A E I O U Y

consonnes (Mitlaute) = B C D F G H J K L M N P Q R S T V W X Z

| | consonnes | voyelles | |
|---|---|---|---|
| 1. | w k - n d | e e e | ____ |
| 2. | d m n c h | i a e | ____ |
| 3. | b l d | a a e | ____ |
| 5. | s n g | i e | ____ |
| 6. | d | i é e | ____ |
| 7. | p r c | a | ____ |
| 8. | l b r t | i e é | ____ |
| 9. | h r | e u e | ____ |
| 10. | m n t g n | o a e | ____ |

**b** À toi! | Erfinde weitere Worträtsel wie in **a** für deinen/deine Partner/in. (▶ Liste des mots, p. 198)

## Grammaire

**3** *pou-* ou *peu-*? *vou-* ou *veu-*? Complète les formes des verbes *pouvoir* et *vouloir*.

| p____voir | v__ __loir |
|---|---|
| je p__ __x | je v__ __x |
| tu p__ __x | tu v__ __x |
| il/elle p__ __t | il/elle v__ __t |
| nous p__ __vons | nous v__ __lons |
| vous p__ __vez | vous v__ __lez |
| ils/elles p__ __vent | ils/elles v__ __lent |

*Vouloir, pouvoir,* die sind leicht.
*-x* bei *je* und *tu*, das reicht!
Vier Mal steht hier *-eu-* statt *-ou-*,
denn *-ou-* steht nur bei *nous* und *vous*.

**4** Complète les dialogues avec les formes de *pouvoir* et *vouloir*.

1. – Yasmine, tu joues avec moi?

   – Non, Zorah, je ne _____ pas. Je travaille.

2. – Maman, est-ce qu'on _____ regarder des DVD?

   – Qu'est-ce que vous _____ regarder?

   – On _____ regarder le nouveau DVD de Bilal.

3. – Maman, est-ce que nous _____ inviter Noah ce week-end?

   – Non, avec papa, nous _____ être tranquilles le week-end.

   – Oh, maman, papa, vous ne _____ pas être contre!

4. Les enfants _____ écouter un CD mais ils ne _____ pas:
   La minichaîne ne marche pas!

**5** **a** Retrouve l'ordre des mots et écris les questions. | Finde die richtige Reihenfolge der Wörter wieder und schreibe die Fragen in deinem Heft auf.

   **b** Invente encore deux questions comme en **a**. | Denk dir noch zwei Fragen wie in **a** aus und stelle die Wörter um. Dein Lernpartner bringt die Wörter in die richtige Reihenfolge und beantwortet die Fragen. Schreibe die Lösungen in dein Heft.

1. Est-ce que  le rap  aimes  tu  ?

2. du ski  Est-ce que  fais  tu  ?

3. aimes  danser  tu  Est-ce que  ?

4. tu  invites  Est-ce que  tes copains  dimanche  ?

5. l'école  fais  après  Qu'est-ce que  tu  ?

6. voulez  dimanche  vous  faire  Qu'est-ce que  ?

**6** **a** Pose des questions. | Eure Klasse trifft sich das erste Mal mit französischen Schülern. Du bereitest Fragen vor, die du den Schülern stellen willst. Schreibe sie in deinem Heft auf. Du fragst:

- … ob er/sie die Schule mag;
- … was er/sie gerne macht;
- … was er/sie am Wochenende macht;
- … ob er/sie Sport treibt;
- … was er/sie denn macht;
- … ob er/sie ein Tier hat;

Est-ce que …?

Qu'est-ce que …?

- … ob er/sie Titeuf mag;
- … ob er/sie eine/n Lieblingssänger/in hat;
- … ob er/sie einen Ausflug machen will.

**b** Spielt zu zweit das Gespräch der französischen und der deutschen Schüler. Eine/r stellt die Fragen, der/die andere beantwortet sie. Verwendet die Fragen aus **a**.

## Écouter et comprendre

CD 43 **7** **a** Vrai ou faux? Coche. | Kreuze an.

| | vrai | faux |
|---|---|---|
| 1. Camille est la sœur de Max. | ☐ | ☐ |
| 2. Camille n'aime pas l'aviron. | ☐ | ☐ |
| 3. Max invite Camille. | ☐ | ☐ |
| 4. Dimanche, Camille fait de l'aviron. | ☐ | ☐ |

Bevor du diese Höraufgabe löst, schlag noch einmal folgende Übung auf: ▶ *Apprendre à apprendre, p. 67/4a.* Hör dir dann den Text an und löse die Aufgaben.

CD 43 **b** Complète.

1. Max a _____ cousins.

2. Ils veulent faire de l'_____ sur l'_____ .

3. Ils passent chez Victor à _____ heures.

4. Ils rentrent à _____ heures.

## Écrire

**8** Écris le dialogue dans ton cahier.

Allô, c'est Yasmine/Théo?

Stell dir vor:

Du bist in Straßburg und rufst bei Yasmine/Théo an. → Sie/Er meldet sich.

Allô?

Du begrüßt sie/ihn und sagst, wer du bist (Name und Alter). Du sagst auch, dass du aus ___ kommst und neu in Straßburg bist. → Sie/Er will wissen, wo du in Straßburg wohnst.

Du sagst, dass du in der Nähe ihrer/seiner Schule wohnst und dass du Freunde suchst. → Sie/Er fragt dich nach deinen Hobbys.

Du sagst, was du magst und ihr findet einige Gemeinsamkeiten heraus. → Sie/Er schlägt vor, etwas mit dir gemeinsam zu unternehmen.

Du sagst, dass du deine Eltern fragst.

**9 a** Retrouve les «petits mots» dans la grille. | Lies die deutschen „kleinen Wörter" und finde sie auf Französisch im Wortgitter wieder. Schreibe die französischen Wörter in die Randspalte über die deutschen.

> „Kleine Wörter" brauchst du ständig. Doch sie sind so klein, dass man sie schnell mal verlegt. Lerne sie auswendig.

| | | | | | | | | | | | |
|---|---|---|---|---|---|---|---|---|---|---|---|
| E | T | C | Q | W | I | F | A | P | R | È | S |
| U | S | B | E | A | U | C | O | U | P | M | E |
| S | A | I | N | P | B | N | U | S | A | D | N |
| T | D | E | M | A | I | N | F | U | R | L | C |
| X | Y | T | R | I | E | S | Y | D | T | U | O |
| A | U | S | S | I | N | D | T | P | O | U | R |
| O | R | N | E | G | T | R | H | I | U | R | E |
| L | D | A | N | S | Ô | V | R | S | T | S | O |
| À | R | M | A | E | T | R | È | S | I | X | J |
| S | T | A | V | T | O | U | J | O | U | R | S |
| M | A | I | N | T | E | N | A | N | T | L | S |
| X | H | S | I | R | F | Q | V | D | J | X | P |
| Y | O | A | L | O | R | S | E | F | P | I | Q |
| P | À | R | L | P | G | B | C | H | E | Z | H |

**LES PETITS MOTS**

_____
bald

_____
und

_____
oder

_____
aber

_____
mit

_____
auch

_____
jetzt

_____
nach

_____
immer

_____
morgen

_____
in (2 Wörter)

_____
bei, zu

_____
für

_____
sehr

_____
zu, zu viel

_____
da

_____
also

_____
viel

_____
noch

_____
überall

**b** Complète le texte par les «petits mots». | Ergänze den Text mit fehlenden „kleinen Wörtern" aus **a**.

C'est _____ le week-end. Pauline veut inviter sa

copine Asma. _____ Asma n'est pas là. Elle est

_____ sa tante _____ Colmar. Elle rentre

_____. _____, Pauline invite sa copine Lou-Anne. Elle est nouvelle

_____ Strasbourg et elle est _____ avec ses parents, le week-end.

# MA PAGE

## CE SONT MES HOBBYS!

Présente-toi. | Stell dich vor. Gestalte einen Steckbrief mit allen Informationen, die du schon auf Französisch sagen kannst. Verwende Fotos und schreibe kleine Texte dazu. Deinen Steckbrief kannst du für die *Tâche B* im Buch, S. 76, verwenden.

j'aime ___

je suis fan de ___

–

j'adore ___

c'est super/cool ___

## 1 Qu'est-ce qu'on dit?

**Comment est-ce que tu dis cela en français?** | **Wie sagst du das auf Französisch? Schreibe die Sätze in dein Heft.**

Wie sagst du, dass ...

1. du Rap magst?
2. Sport nicht magst?
3. du Leichtathletik hasst?
4. deine Lieblingssängerin ___ ist?
5. du ein Fan von ___ bist?

Wie fragst du jemanden, ...

6. was er an diesem Wochenende tut?
7. wann ihr zurückkehrt?
8. ob etwas klappt?
9. ob seine Eltern einverstanden sind?
10. ob du deinen Freund einladen darfst?

## 2 Wortschatz

**Note les hobbys avec l'article défini.** | **Schreibe die Hobbys mit dem bestimmten Artikel auf.**

1. _____
2. _____
3. _____
4. _____
5. _____

6. _____
7. _____
8. _____
9. _____
10. _____

## 3 Die Verben

**Complète.** | **Ergänze die Sätze mit den richtigen Formen der Verben.**

**faire**

1. – Tu aimes le sport?

   – Oui.

   – Qu'est-ce que tu _____?

   – Je _____ du foot et du tennis.

2. – Qu'est-ce que vous _____?

   – Nous _____ une balade.

   – Et les garçons?

   – Ils _____ de l'athlétisme.

**vouloir/pouvoir**

1. – Papa, est-ce qu'on _____ regarder la télé?

   – Qu'est-ce que vous _____ regarder?

   – Nous _____ regarder un DVD avec Mélanie Laurent.

2. – Nous _____ faire une balade dimanche.

   – Je _____ inviter des copains?

   – D'accord, tu _____ inviter un copain ou une copine.

## 4 Das Verb *faire de* + bestimmter Artikel

Qu'est-ce qu'ils font? | Was machen sie? Schreibe Sätze mit *faire de* + bestimmter Artikel in dein Heft.

## 5 Die Verneinung

Verneine die Sätze und
verwende *ne ... pas*.
Schreibe in dein Heft.

1. Léo téléphone.
2. Théo invite Clara.
3. Amandine aime les week-ends en famille.
4. Karim veut jouer avec sa sœur.

## 6 Die Frage mit *est-ce que*

Lis les réponses et retrouve les questions. | Stelle die richtigen Fragen zu den vorgegebenen Antworten.

1. Non, je n'aime pas la musique classique. _____

2. Oui! J'ai un chat et une perruche. _____

3. Non, je ne joue pas avec mon frère. _____

## 7 Hören und verstehen

CD
44

Lies dir zuerst die Aufgaben genau durch und hör dir dann den Hörtext an.

a Um was für ein Gespräch handelt es sich? _____

b Qui parle? Coche la bonne case. | Wer spricht? Kreuze an.

☐ Annie ☐ l'oncle ☐ Félix ☐ Philippe ☐ la cousine ☐ Cécile ☐ Paul ☐ la tante

c Coche la bonne case.

|  | vrai | faux |
|---|---|---|
| 1. Paul est le cousin de Cécile. | ☐ | ☐ |
| 2. Philippe est le frère de Cécile. | ☐ | ☐ |
| 3. Paul invite Cécile. | ☐ | ☐ |
| 4. Samedi, Cécile ne peut pas. | ☐ | ☐ |
| 5. Philippe veut faire du vélo. | ☐ | ☐ |
| 6. Philippe demande à son père. | ☐ | ☐ |
| 7. Ils rentrent à dix heures. | ☐ | ☐ |

# Annexe

## Solutions Fais le point

### UNITÉ 1 (Fais le point, S. 18–19)

**1 a** 1. Bonjour, Monsieur. / Bonjour, Madame.
2. Je m'appelle ___.
3. Je suis de ___.
4. Je suis *nouveau* à Strasbourg. Je suis **nouvelle** à Strasbourg.
5. Je ne sais pas.

**b** 1. Tu t'appelles comment?
2. Ça va?
3. Tu es de Strasbourg?
4. Tu es en sixième A?

**2** 1. le/la professeur, 2. l'école, 3. la fille, 4. les amis, 5. la classe, 6. les garçons, 7. la cour, 8. les élèves, 9. l'amie, 10. le surveillant, 11. la rentrée, 12. la récréation

**3** 1. – Vous **êtes** le professeur?
– Non, je **suis** le surveillant.
2. – Tu **es** en sixième?
– Non, je **suis** en cinquième.
3. – Vous **êtes** les élèves de Monsieur Martel?
– Oui, nous **sommes** dans la classe de Monsieur Martel.
4. – Ils **sont** dans la classe de Karim?
– Alors Noah, oui, il **est** en cinquième avec Karim. Yasmine, non. Elle **est** en sixième.
5. – Yasmine, c'**est** qui?
– C'**est** l'amie de Clara.

**4** 1. – **Tu** t'appelles Simon?
– Non, **je** m'appelle Samuel.
2. – Noah est dans la classe de Yasmine?
– Non, **il** est dans la classe de Jade.
3. – Et Clara?
– **Elle** est dans la classe de Yasmine.
4. – Clara et Yasmine sont en sixième?
– Oui, **elles** sont en sixième A.
5. – Et Théo et Lukas?
– **Ils** sont aussi en sixième A.
6. – Noah et Jade sont avec Karim?
– Oui, **ils** sont ensemble en cinquième B.

Wenn du Schwierigkeiten hattest:
▶ Übe noch einmal die Rubrik *Qu'est-ce qu'on dit?* in den *Repères* auf S. 22.
▶ Löse dann die Förderübung im Beiheft, S. 3/1.

▶ Übe die Vokabeln mit den Artikeln mit Hilfe der Wortliste auf S. 180, indem du immer eine Spalte abdeckst.
▶ Löse dann die Förderübung im Beiheft, S. 4/2.
**Tipp:** Schreibe dir die männlichen Nomen *blau*, die weiblichen *rot* auf, so kannst du sie besser behalten. Lerne die Nomen gleich mit dem richtigen Artikel!

▶ Schau dir die *Repères* auf S. 23/2 an.
▶ Löse die Förderübung im Beiheft, S. 4–5/3.
**Tipp:** Eine Verbkonjugationstabelle findest du auf S. 174.

▶ Hast du Fehler gemacht? Dann löse die Förderübung im Beiheft, S. 5/4.

## UNITÉ 2 (Fais le point, S. 38–39)

**1**
1. Dans ma chambre, il y a une armoire et un hamac.
2. La télécommande est sur l'étagère.
3. Joue avec moi, s'il te plaît.
4. Non, pas maintenant, je travaille.

Wenn du die Redewendungen der Unité 2 noch nicht so gut kannst,
▶ übe noch einmal mit der Rubrik *Qu'est-ce qu'on dit?* (S. 40).
▶ Löse dann die Förderübung im Beiheft, S. 6/1.

**2**
une armoire
un ordinateur
un stylo
une étagère
une collection
un biscuit
une minichaîne
une chambre
un appartement
une télécommande

Hattest du Probleme mit den unbestimmten Artikeln und den Nomen?
▶ Schreibe eine Liste mit allen neuen Nomen der Unité 2 (Wortliste, S. 185–190) und schreibe die männlichen Nomen in *blau* und die weiblichen Nomen *rot*.
▶ Löse dann die Förderübung im Beiheft, S. 6/2.

**3**
Dans la chambre de Louise, il y a des bédés et des biscuits **sur** le lit. Les CD sont **sous** la table et les stylos **derrière** l'ordinateur. La minichaîne est **dans** l'armoire, **à droite** et les livres, **à gauche**. La guitare est **devant** l'armoire. Le shampoing est **sur** l'étagère **entre** les pierres et la lampe.

Wenn du Fehler mit den Präpositionen gemacht hast,
▶ sieh dir die Präpositionen in der Wortliste noch einmal an, S. 187.
▶ Löse dann die Förderübung im Beiheft, S. 7/3.

**4**
Dans la cour, il y a des garçons, des filles, des surveillants/professeurs, une table, une chaise, des livres, des pierres, des biscuits, un ordinateur, un hamac.

Wenn du Probleme mit der Lösung der Aufgabe hattest,
▶ sieh dir die *Repères* auf S. 40/1 noch einmal an.
▶ Löse dann die Förderübung im Beiheft, S. 7/4.

**5**
Voilà **une** chambre. C'est **la** chambre de Léon. Dans **la** chambre de Léon, il y a **un** coin bédé avec **des** posters et **une** collection de figurines. Et sur l'étagère, il y a **la** collection de bédés de Léon.

Hast du Fehler gemacht?
▶ Sieh dir den Abschnitt 1 der *Repères* (S. 40) noch einmal an und löse dann die Förderübung im Beiheft, S. 7/5.

**6**
1. Yasmine travaill**e** avec Clara. Après, elles écout**ent** des CD et chant**ent**.
2. – Vous cherch**ez** des informations sur Internet avec moi?
   – Non, pas maintenant. Nous travaill**ons**.
3. – Tu regard**es** des photos?
   – Oui, je cherch**e** des photos de l'école.
4. – On écout**e** un CD ensemble?
   – Non! Tu m'énerv**es**! Je téléphon**e**.
5. Les garçons regard**ent** la télé. Après, Karim jou**e** avec Zorah.

Wenn du Schwierigkeiten mit der Konjugation der Verben hattest,
▶ sieh dir den Abschnitt 2 der *Repères* (S. 41) noch einmal an.
▶ Löse dann die Förderübung im Beiheft, S. 8/6.

**UNITÉ 3** (Fais le point, S. 58–59)

**1** Voilà le quatre, le treize, le deux, le douze, le neuf, le quinze, le un, le cinq, le huit, le seize, le dix, le dix-huit, le onze, le quatorze, le six, le dix-sept, le sept, le trois, le vingt et le dix-neuf.

Wenn dir die Zahlen nicht eingefallen sind:
▶ Schlage auf S. 173 nach und übe, indem du die Spalte mit den ausgeschriebenen Zahlen abdeckst.
▶ Löse die folgende Übung: *Carnet*, S. 50/5.

**2**

Wenn du die Vokabeln nicht behalten hast:
▶ Wiederhole die Rubrik *Qu'est-ce qu'on dit?* / „Du erzählst von deinem Familienalltag" in den *Repères* auf S. 59.
▶ Übe noch einmal mit der Wortliste auf S. 190–198. Du wusstest das passende Verb, konntest es aber nicht konjugieren:
▶ Schlage in der Verbliste auf S. 174 nach.
▶ Löse dann die Förderübung im Beiheft, S. 8/1.

**3** Salut, moi c'**est** Ambre! J'**ai** 13 ans. Je **suis** en cinquième, dans une école de Strasbourg. À la maison, nous **sommes** trois enfants. J'**ai** un frère et une sœur, Arthur et Anabelle. Ils **ont** 14 et 15 ans. Ils **sont** cool. Mon frère **est** dans un groupe de rock. Ma sœur et moi, nous **avons** une collection de bédés. Il y **a** aussi Toby, le chien. Et vous, vous **avez** des frères et sœurs? Vous **êtes** aussi de Strasbourg?

Hast du Probleme mit der Konjugation von *avoir*?
▶ Sieh dir den Abschnitt 2 in den *Repères* auf S. 60 an.
▶ Löse dann die Förderübung im Beiheft, S. 9/2.
**Tipp:** In der Verbliste auf S. 174 findest du die Konjugation von *être* und *avoir*.

**4** Salut Laurie!
Voilà des photos de **mon** école. Les filles et les garçons, ce sont **mes** copains. Il y a Fiona et Jil. Fiona est toujours avec **sa** guitare et Jil avec **ses** bédés. Entre **mes** deux copines, c'est Mehdi avec **son** frère Sami. Il est très sympa aussi. Il n'est pas dans **ma** classe, mais en cinquième.
Toi et **tes** parents, ça va? **Ton** adresse, c'est toujours 3, place Bellecour à Lyon? J'ai toujours **ton** livre sur les animaux!
À plus, **ta** copine, Sara.

Wenn du mit den Possessivbegleitern Schwierigkeiten hattest:
▶ Sieh dir den Abschnitt 1 in den *Repères* auf S. 59 an.
▶ Löse dann die Förderübung im Beiheft, S. 10–11/3.

**5** 1. chien – intelligent, 2. frères et sœurs – bavards, 3. chambre – jolie, 4. tantes – bavardes, 5. cousins – sympa

Wenn du das Adjektiv nicht richtig angeglichen hast:
▶ Sieh dir den Abschnitt 3 in den *Repères* auf S. 60 an.
▶ Löse dann die Förderübung im Beiheft, S. 11/4.

**6** 1. ≠ Ses parents rentrent tôt.
2. ≠ La photo est jolie.
3. ≠ C'est super. / C'est trop cool. / C'est bien.
4. ≠ Ses parents sont séparés.
5. ≠ Ma mère travaille.
6. ≠ Mon lapin est moche. / Mon lapin a un caractère de chien. / Mon lapin est pénible.

Wenn dir die Vokabeln oder die Redewendungen nicht eingefallen sind:
▶ Wiederhole sie mit Hilfe der Rubrik *Qu'est-ce qu'on dit?* in den *Repères* auf S. 59 und der Wortliste auf S. 190–198.
▶ Sieh dir den Abschnitt 7 im Methodenteil, S. 160, an.
▶ Löse dann die Förderübung im Beiheft, S. 11/5.

## UNITÉ 4 (Fais le point, p. 78–79)

**1**  1. J'aime le rap. 2. Je n'aime pas le sport. 3. Je déteste l'athlétisme. 4. Ma chanteuse préférée, c'est ___ . 5. Je suis fan de ___ . 6. Qu'est-ce que tu fais ce week-end? 7. On rentre à quelle heure? 8. Ça marche? 9. (Est-ce que) tes parents sont d'accord? 10. (Est-ce que) je peux inviter mon copain?

Wenn du Schwierigkeiten mit der 1. Aufgabe hattest,
▸ lerne die Redewendungen noch einmal mit der Rubrik *Qu'est-ce qu'on dit?* (S. 77).
▸ Löse dann die Förderübung im Beiheft, S. 12/1.

**2**  1. le foot, 2. la guitare, 3. le ski, 4. le tennis, 5. les percussions, 6. la bédé, 7. le vélo, 8. la danse, 9. l'aviron, 10. le théâtre

Wenn das nicht so gut geklappt hat,
▸ lerne die Sportarten und Hobbys noch einmal mit der Wortliste (S. 198–202).
▸ Löse dann die Förderübung im Beiheft, S. 12/2.

**3**  **faire**

1. – Tu aimes le sport? – Oui. – Qu'est-ce que tu **fais**? – Je **fais** du foot et du tennis.
2. – Qu'est-ce que vous **faites**? – Nous **faisons** une balade. – Et les garçons? – Ils **font** de l'athlétisme.

**vouloir/pouvoir**

1. – Papa, est-ce qu'on **peut** regarder la télé?
   – Qu'est-ce que vous **voulez** regarder?
   – Nous **voulons** regarder un DVD avec Mélanie Laurent.
2. – Nous **voulons** faire une balade dimanche.
   – Je **peux** inviter des copains?
   – D'accord, tu **peux** inviter un copain ou une copine.

Wenn du die Verbformen noch nicht gut beherrschst,
▸ lerne die drei Verben mit Hilfe der Liste der Verben (S. 175).
▸ Lege eine Verbkarteikarte (*Carnet*, S. 84) für die Verben *faire*, *pouvoir* und *vouloir* an.
▸ Löse dann die Förderübung im Beiheft, S. 13/3.
▸ Schreibe danach die Formen der drei Verben auswendig auf.

**4**  1. Elle fait de la guitare.
2. Il fait du vélo.
3. Ils font de l'athlétisme.
4. Il fait des percussions.

Hast du den falschen Artikel bei den Nomen genommen?
▸ Dann lerne die Nomen noch einmal mit dem richtigen Artikel (Wortliste, S. 198–202).
Hast du die Präposition *de* nicht richtig mit dem bestimmten Artikel verbunden?
▸ Dann löse die Förderübung im Beiheft, S. 13/4.

**5**  1. Léo **ne** téléphone **pas**. 2. Théo **n'**invite **pas** Clara. 3. Amandine **n'**aime **pas** les week-ends en famille. 4. Karim **ne** veut **pas** jouer avec sa sœur.

▸ Lies dir Abschnitt 3 der *Repères* (S. 78) noch einmal durch, und mach dir klar, wo die Verneinungswörter *ne … pas* im Satz stehen.
▸ Löse dann die Förderübung im Beiheft, S. 13–14/5.

**6**  1. Est-ce que tu aimes la musique classique?
2. Est-ce que tu as des animaux?
3. Est-ce que tu joues avec ton frère?

Hattest du Schwierigkeiten, die richtige Frage zu finden?
▸ Lies dir den Abschnitt 5 der *Repères* (S. 78) durch.
▸ Löse die Förderübung im Beiheft, S. 14/6.

**7  a**  Es handelt sich um ein Telefongespräch.

Hattest du Schwierigkeiten beim Verstehen?
▸ Bearbeite die Förderübung im Beiheft, S. 14–15/7.

**b**  Philippe, Cécile, Paul

**c**  1. faux, 2. vrai, 3. vrai, 4. vrai, 5. vrai, 6. faux, 7. faux

| INFINITIF | | Terminaison | Régulier ☐ | Particularité |
|---|---|---|---|---|
| | | | Irrégulier ☐ | |

| | PRÉSENT | | IMPÉRATIF |
|---|---|---|---|
| | Je/J' | | |
| | Tu | | |
| | Il/Elle/On | | |
| | Nous | | |
| | Vous | | |
| | Ils/Elles | | |

| se conjugue comme: | PASSÉ COMPOSÉ |
|---|---|
| IMPARFAIT | FUTUR |

| INFINITIF | | Terminaison | Régulier ☐ | Particularité |
|---|---|---|---|---|
| | | | Irrégulier ☐ | |

| | PRÉSENT | | IMPÉRATIF |
|---|---|---|---|
| | Je/J' | | |
| | Tu | | |
| | Il/Elle/On | | |
| | Nous | | |
| | Vous | | |
| | Ils/Elles | | |

| se conjugue comme: | PASSÉ COMPOSÉ |
|---|---|
| IMPARFAIT | FUTUR |

# Mon portfolio de français

Nom _____

Prénom _____

Date de naissance _____

Nom de mon école _____

Adresse de mon école _____

_____

Classe _____ Année scolaire 20_____ – 20_____

Mon/Ma professeur de
français s'appelle _____

Chez moi, on parle

_____

Avec mes copains, je parle

_____

Sprachen, die ich in der Grundschule gelernt habe

_____

Was ich über Frankreich schon weiß

_____

_____

_____

_____

_____

_____

# Wie lerne ich?

## So erschließe ich mir neue Wörter

Wenn ich ein unbekanntes Wort sehe, überlege ich, ...

ob ich ein ähnliches Wort schon in einer anderen Sprache kenne.

ob Bilder und Fotos mir helfen können, das Wort zu verstehen.

## So merke ich mir neue Wörter

Ich wiederhole die Vokabeln regelmäßig.

Ich lerne die Vokabeln in einem Beispielsatz.

Ich schreibe schwierige Wörter auf Karteikärtchen ...

... und ich male ein Bild dazu.

## Hören

Ich achte auf Geräusche und Tonfall, um herauszufinden, worum es geht.

Bei einer Hörverstehensübung lese ich die Aufgaben vorher genau durch, um zu wissen, was ich heraushören soll.

# Was kann ich?

## Hören

Ich kann ...

Altersangaben (bis 20) und Uhrzeiten (volle Stunden) verstehen.

Fragen über mich, meine Familie, meine Freunde, mein Zimmer, unsere Wohnung und meine Hobbys verstehen.

ein einfaches Gespäch (über Familie, Haustiere, Zimmer, Wohnung, Hobbys) verstehen.

die Anweisungen meines Lehrers / meiner Lehrerin im Unterricht verstehen.

verstehen, wenn sich jemand mit mir am Telefon verabreden möchte.

## Lesen

Ich kann ...

einfache und kurze Texte zu den Themen Schule, Familie, Haustiere, Zimmer, Wohnung, Freizeitaktivitäten lesen.

vertraute Namen und Wörter auf Schildern und Plakaten verstehen.

Arbeitsanweisungen und Spielanleitungen in meinem Buch verstehen.

eine Bastelanleitung lesen und verstehen.

einfache Leserbriefe und Prospekte verstehen.

einfache E-Mails und Blogeinträge lesen und verstehen.

## Sprechen

Ich kann ...

jemanden begrüßen und fragen, wie es ihm geht.

mich vorstellen und sagen, wie es mir geht und mich verabschieden.

von meinen Freunden, meiner Familie, meinen Haustieren, unserer Wohnung, meinem Zimmer, meinen Interessen berichten.

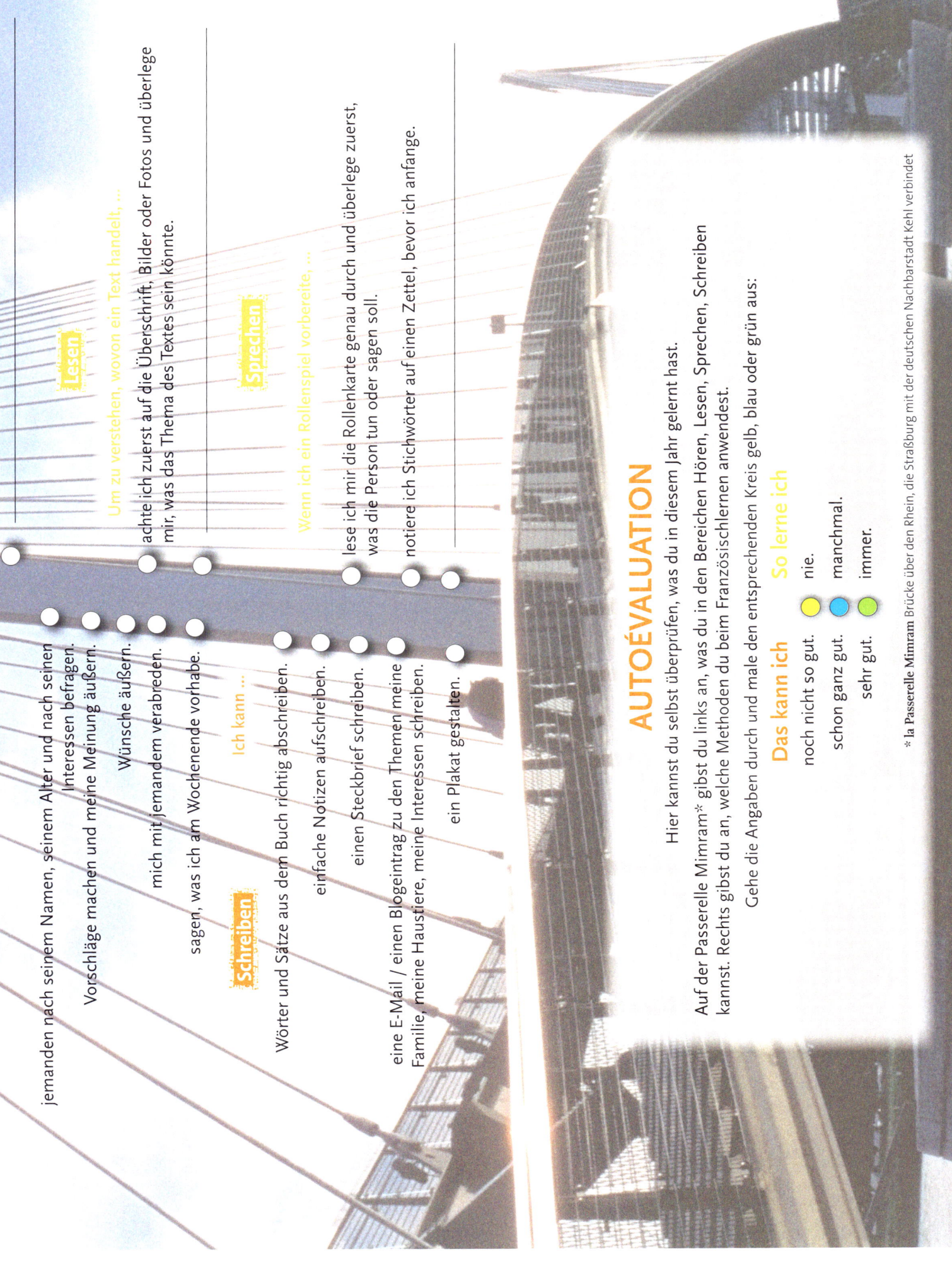

## Lesen

**Um zu verstehen, wovon ein Text handelt, ...**

achte ich zuerst auf die Überschrift, Bilder oder Fotos und überlege mir, was das Thema des Textes sein könnte.

jemanden nach seinem Namen, seinem Alter und nach seinen Interessen befragen.

Vorschläge machen und meine Meinung äußern.

Wünsche äußern.

mich mit jemandem verabreden.

sagen, was ich am Wochenende vorhabe.

## Sprechen

**Wenn ich ein Rollenspiel vorbereite, ...**

lese ich mir die Rollenkarte genau durch und überlege zuerst, was die Person tun oder sagen soll.

notiere ich Stichwörter auf einen Zettel, bevor ich anfange.

**Ich kann ...**

## Schreiben

Wörter und Sätze aus dem Buch richtig abschreiben.

einfache Notizen aufschreiben.

einen Steckbrief schreiben.

eine E-Mail / einen Blogeintrag zu den Themen meine Familie, meine Haustiere, meine Interessen schreiben.

ein Plakat gestalten.

## AUTOÉVALUATION

Hier kannst du selbst überprüfen, was du in diesem Jahr gelernt hast.

Auf der Passerelle Mimram* gibst du links an, was du in den Bereichen Hören, Lesen, Sprechen, Schreiben kannst. Rechts gibst du an, welche Methoden du beim Französischlernen anwendest.

Gehe die Angaben durch und male den entsprechenden Kreis gelb, blau oder grün aus:

| Das kann ich | So lerne ich |
| --- | --- |
| noch nicht so gut. | nie. |
| schon ganz gut. | manchmal. |
| sehr gut. | immer. |

\* la Passerelle Mimram Brücke über den Rhein, die Straßburg mit der deutschen Nachbarstadt Kehl verbindet

## Vokabelschablone

Zum Vokabellernen kannst du dir eine Schablone basteln.

Dazu nimmst du ein weißes A4-Blatt hochkant. 7 mm vom oberen Rand entfernt ziehst du eine Linie. Auf dieser Linie markierst du die beiden Punkte, die vom rechten Rand 8 cm und vom linken Rand 7,5 cm entfernt sind. Diese Stellen schneidest du bis zur Linie ein. Nun faltest du die beiden äußeren Teile entlang der Linie nach unten (siehe Zeichnung). Fertig ist die Seite 1, *le côté français-allemand*. Willst du mit Seite 2, *le côté allemand-français*, üben, klappst du die Seitenteile einfach wieder hoch und faltest das Mittelteil entlang der Linie nach unten.

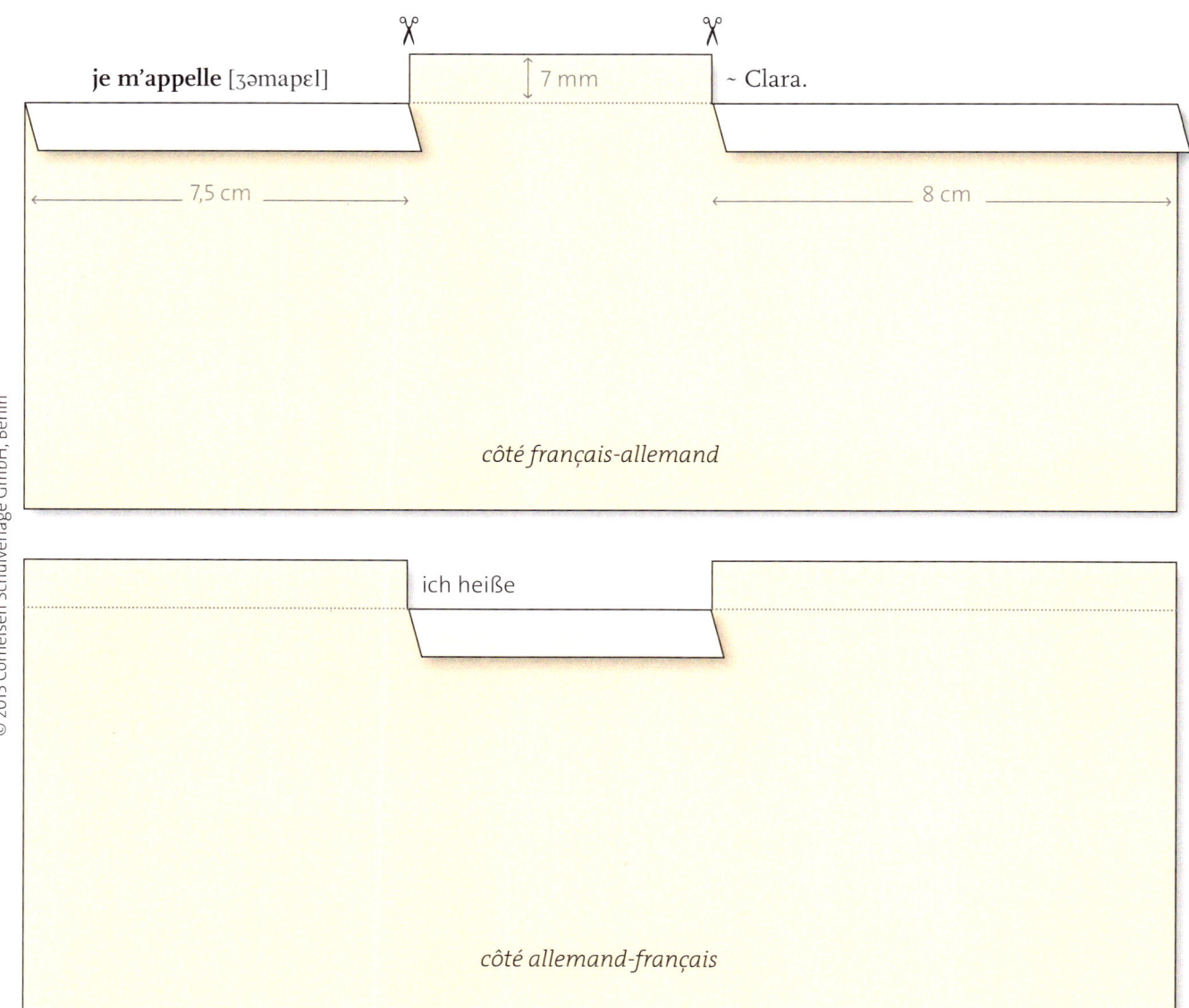

**je m'appelle** [ʒəmapɛl]     7 mm     ~ Clara.

7,5 cm        8 cm

*côté français-allemand*

ich heiße

*côté allemand-français*

So lernst du Vokabeln mit der Schablone:

Seite 1: *français-allemand*

Lies das französische Wort. Ergänze den Satz, indem du das neue Wort an die Stelle der Tilde (~) setzt. Übersetze das Wort dann ins Deutsche. Anschließend schiebst du die Schablone nach unten und überprüfst deine Übersetzung.

Seite 2: *allemand-français*

Mit dieser Seite überprüfst du, ob du die deutschen Wörter auch ins Französische übersetzen kannst. Wenn dir der französische Ausdruck nicht gleich einfällt, schaust du unter der rechten Klappe nach und versuchst dich mit Hilfe des Satzes an den Ausdruck oder das Wort zu erinnern.

## Nouvelle édition

### Carnet d'activités   Junior 1

## *Förderübungen*

In diesem Beiheft findest du weitere Übungen.
Sie sollen dich unterstützen, die *Fais le point*-Aufgaben
erfolgreich zu lösen.

## Unité 1

▷ 18|1  **1**  **Qu'est-ce qu'on dit?**

**Ordne zu und schreibe die Sätze auf.**

**1**  Salut, Alex!  Bonjour, Madame!

Du begrüßt eine/n Freund/in.  _____

Du begrüßt die Mutter deiner Freundin.  _____

**2**  Il s'appelle Ivan.  Tu t'appelles comment?  Je m'appelle Marc.  C'est qui?

Du stellst dich vor.  _____

Du fragst einen Jungen, wie er heißt.  _____

Du fragst, wer der Mann / die Frau ist.  _____

Du sagst, wie dein Freund heißt.  _____

**3**  C'est l'ami de Théo.  C'est l'amie de Théo.

Du stellst den Freund von Théo vor.  _____

Du stellst die Freundin von Théo vor.  _____

**4**  Je suis nouvelle à l'école.  Je suis nouveau à l'école.

Théo sagt, dass er neu in der Schule ist.  _____

Lara sagt, dass sie neu in der Schule ist.  _____

**5**  Au revoir, Monsieur.  Salut, à demain.

Du verabschiedest dich von deinem Lehrer.  _____

Du verabschiedest dich von deinen Freunden.  _____

Hast du alle Wörter richtig geschrieben? Lies deine Sätze noch einmal Korrektur.

▶ 18|2 **2** Wortschatz / Der bestimmte Artikel

**a** Ordne die Nomen mit dem bestimmten Artikel in die richtige Tabelle ein.

fille    garçon    professeur    récréation    surveillant    ami    amie
école    rentrée    surveillante    élève    classe    cour    cahier

| **le/l'** | **la/l'** |
|---|---|
| le garçon, | la fille, |
| | |
| | |
| | |

**b** Setze die Nomen in den Plural.

**les**

| | |
|---|---|
| les garçons, | les filles, |
| | |
| | |
| | |

▶ 19|3 **3** Das Verb *être*

**a** Ergänze die fehlenden Formen.

Je _____        _____ sommes

_____ es        vous _____

il _____        ils _____

elle _____        elles _____

on _____

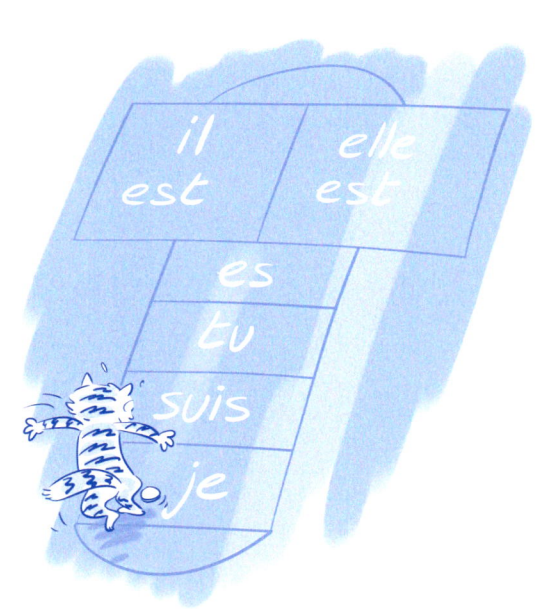

**b** Korrigiere mit Hilfe der *Repères*, S. 23/2.

**c** Ergänze die Sätze mit der richtigen Form von *être*.

**19|4  4  Das Personalpronomen**

**a** Setze für die Personen die richtigen Personalpronomen ein.

 Noah = _____     Yasmine et Clara = _____     Jade = _____

 Théo et Lukas = _____     Théo, Clara et Lukas = _____

**b** Wähle das richtige Personalpronomen aus und vervollständige die Sätze.

1. – Victor et Laura sont dans la classe de Clara?

   – Non, _____ (elles/ils) sont dans la classe de Jade.

2. – Anna est en cinquième?

   – Oui, _____ (elle/il) est en cinquième B.

3. – _____ (tu/vous) êtes Madame Morin?

   – Non, _____ (je/elle) suis Madame Poussin.

4. – _____ (ils/vous) êtes les élèves de la sixième A?

   – Non, _____ (nous/ils) sommes les élèves de la cinquième B.

## Unité 2

38|1 **1**   Qu'est-ce qu'on dit?

**a** Wie sagst du auf Französisch? Ordne richtig zu.   (▶ Repères / Qu'est-ce qu'on dit?, p. 40)

| | | | |
|---|---|---|---|
| Du zählst auf, was sich in deinem Zimmer befindet. | **1** | **a** | La télécommande est sur l'étagère. |
| Du sagst, wo sich ein Gegenstand befindet. | **2** | **b** | Dans ma chambre, il y a une armoire et un hamac. |
| Du forderst jemanden auf, mit dir zu spielen! | **3** | **c** | Non, pas maintenant. |
| Du sagst, dass du im Moment etwas nicht machst. | **4** | **d** | Joue avec moi, s'il te plaît. |

**b** Wie fragst du auf Französisch? Ordne richtig zu.

| | | | |
|---|---|---|---|
| Du fragst jemanden, was sich in seinem Zimmer befindet. | **1** | **a** | Tu joues avec moi? |
| Du fragst jemanden, was er in seinem Zimmer macht. | **2** | **b** | Qu'est-ce qu'il y a dans ta chambre? |
| Du fragst jemanden, ob er mit dir spielt. | **3** | **c** | On écoute un CD ensemble? |
| Du fragst jemanden, ob er mit dir gemeinsam eine CD hört. | **4** | **d** | Qu'est-ce que tu fais dans ta chambre? |

38|2 **2**   Wortschatz

Retrouve les mots et écris-les en bleu ou en rouge avec l'article indéfini *un* ou *une*.  |  Finde die Nomen wieder und ordne sie in den richtigen Kasten ein. Schreibe die männlichen Wörter blau, die weiblichen rot mit dem entsprechenden Artikel *un* oder *une* auf.   (▶ Liste des mots, p. 224)

erbmahc      tiucsib      ednammocélét      enîahcinim      noitcelloc

elocé

ruetanidro      olyst      erègaté      eriomra      tnemetrappa

38|3 **3** **Ortsangaben**

Complète. Utilise *sur*, *sous*, *à gauche*, *à droite*, *dans*, *devant*, *derrière*.

1. C'est _____ l'armoire?

2. C'est _____ la table?

3. C'est _____ l'étagère?

4. C'est _____ la classe?

5. C'est _____ ?

6. C'est _____ ?

7. C'est _____ l'école?

8. C'est _____ l'école?

39|4 **4** **Die unbestimmten Artikel und die Nomen im Plural**

*Un*, *une* oder *des*? | Schreibe einen unbestimmten Artikel im Singular *(un, une)* vor die Nomen im Singular und den unbestimmten Artikel im Plural *(des)* vor die Nomen im Plural.
(▶ Liste des mots, p. 185)

_____ minichaîne _____ chaises _____ étagères _____ hamac _____ télé

_____ ordinateurs _____ biscuits _____ bédés _____ livres _____ lit

39|5 **5** **Der bestimmte und der unbestimmte Artikel**

a Setze den passenden unbestimmten Artikel im Singular oder im Plural ein.
(▶ Liste des mots, p. 185)

le lit → _un_ lit    la table → _____ table    l'armoire → _____ armoire

les bédés → _____ bédés    l'ordinateur → _____ ordinateur    les chaises → _____ chaises

b Complète. Utilise *un/une/des* ou *le/la/l'/les*. | Bestimmt oder unbestimmt? Ergänze mit dem richtigen Artikel.

1. Voilà _____ appartement. C'est _____ appartement de Mme Masson.

2. Voilà _____ chambre. C'est _____ chambre de Jade.

3. Dans _____ chambre de Jade, il y a _____ lit, _____ table, _____ étagères.

4. _____ lit est entre _____ table et _____ étagères.

▷ 39|6 **6** **Die Verben auf -er**

a Range les formes des verbes. | Ordne die Verbformen richtig ein. (▶ Les verbes, p. 174)

**1** travaille        **3** chantez        **5** regardent        **7** jouent        **9** rêves

**2** écoute        **4** cherchons        **6** téléphones        **8** chattons        **10** rentrez

| | Je/J' Il/Elle/On | Tu | Nous | Vous | Ils/Elles |
|---|---|---|---|---|---|
| 1 | | | | | |
| 2 | | | | | |
| 3 | | | | | |
| 4 | | | | | |
| 5 | | | | | |
| 6 | | | | | |
| 7 | | | | | |
| 8 | | | | | |
| 9 | | | | | |
| 10 | | | | | |

b Complète par les formes qui manquent. | Vervollständige die Tabelle. (▶ Les verbes, p. 174)

## Unité 3

▷ 58|2 **1** **Wortschatz**

a Vervollständige die Sätze mit dem passenden Nomen/Verb.

ɪ. Le _____ de Daniela s'appelle Antoine. (oncle / frère / sœur)

2. Et Geronimo, c'est qui? C'est son _____ (profs / amis / chat)

3. La _____ de Marie s'appelle Indi-Anna. (sœur / amie / école)

4. Le père de Théo _____ à Paris. (habitent / travaille / téléphoner)

5. Il _____ le week-end avec sa famille à Strasbourg. (rêve / cherche / passe)

6. Théo et sa sœur _____ la télé ensemble. (jouent / regardent / écoute)

b Nach welchen Kriterien hast du deine Wahl getroffen?

## 58|3 2 Die Verben *être* und *avoir*

**a** Complète le tableau. | Fülle die Tabelle aus: Kreuze das passende Hilfsverb an und schreibe den kompletten Satz ab.

|  | avoir | être |  |
|---|---|---|---|
| Elle ? en cinquième. | ☐ | X | <u>Elle est en cinquième.</u> |
| Nous ? un chien et un chat. | ☐ | ☐ | _____ |
| Tu ? sympa! | ☐ | ☐ | _____ |
| Mon ami ? un hamac. | ☐ | ☐ | _____ |
| Vous ? le CD de ZAZ? | ☐ | ☐ | _____ |
| Je/J' ? un frère. | ☐ | ☐ | _____ |
| Je/J' ? 14 ans. | ☐ | ☐ | _____ |
| On ? des cousins à Berlin. | ☐ | ☐ | _____ |
| Nous ? dans la classe de Clara. | ☐ | ☐ | _____ |
| Mes cousins ? deux tortues. | ☐ | ☐ | _____ |
| Elles ? adorables! | ☐ | ☐ | _____ |
| Je/J' ? moche! | ☐ | ☐ | _____ |
| Tu ? des frères et sœurs? | ☐ | ☐ | _____ |
| Toi et tes parents, vous ? de Leipzig? | ☐ | ☐ | _____ |

**b** *Être* ou *avoir*? Complète. | Lies den Text und ergänze mit den richtigen Verbformen von *être* und *avoir*.

Salut! Moi, c'est Élodie, j'_____ treize ans. Marion et moi, nous _____

au collège Mistral, à Marseille. Marion, c'est ma sœur. Elle _____ dix ans et elle

_____ super intelligente. Mes parents _____ profs. Ils _____

une collection de livres, moi j'_____ un coin CD dans ma chambre, et puis nous

_____ aussi des DVD. Alors à la maison, il y a des étagères partout!

Mais je _____ bavarde! Tu _____ quel âge? Tes parents et toi, vous

_____ aussi de Marseille? Tu _____ des frères et sœurs?   À plus!   Élo

☛ 59|4  **3**  Die Possessivbegleiter

**a**  Coche et écris le pluriel des noms. | Kreuze an. Setze die Possessivbegleiter und die Nomen in den Plural.

| | mon, ton, son | | ma, ta, sa | |
|---|---|---|---|---|
| | ♂ | ♀ vor Vokal | ♀ | |
| activité | | X | | _mes, tes, ses activités_ |
| oncle | | | | |
| animal | | | | |
| CD | | | | |
| chat | | | | |
| collection | | | | |
| étagère | | | | |
| poster | | | | |
| tortue | | | | |
| amie | | | | |

**b**  Complète. | Ergänze mit dem richtigen Possessivbegleiter aus a.

**1**  Bienvenue chez moi! Voilà _____ parents avec

_____ sœur. La fille sur le lit, c'est _____

amie Aurélie et là dans le hamac, il y a _____

lapin Jack. Il est toujours là!

**2**  – C'est bien chez toi et elle est sympa, _____

chambre! Ce sont _____ animaux?

– Le poisson et les tortues oui. Mais Fido, c'est le

chat de _____ sœur.

– Et _____ tortues, elles s'appellent comment?

Oh, regarde, Fido joue avec _____ poisson!

**3** – Où est le CD des BB Brunes?

– Regarde dans la chambre de Paul, sur _____

étagère, à droite de _____ collection de figurines.

_____ CD sont là et le CD des BB Brunes aussi.

▶ 59|5 **4** **Das Adjektiv**

Mon **animal** est joli/~~jolie~~.

Mon **amie** est intelligente/~~intelligent~~.

Les **amis** de ma copine sont ~~bavardes~~/bavards.

**À toi!** | **Auf welche Wörter / welches Wort musst du achten, um das Adjektiv richtig anzugleichen? Markiere sie/es. Streiche dann die falsche Form des Adjektivs durch.**

1. Les enfants de mon oncle sont pénibles/pénible.

2. Les frères et sœurs de Tania sont bavarde/bavards.

3. Mon chien est intelligente/intelligent.

4. La photo avec Lola et Astrid est jolies/jolie.

▶ 59|6 **5** **Qu'est-ce qu'on dit?**

**Trouve les paires.** | **Finde die Wortpaare.**

| | |
|---|---|
| être au chômage   beau-père<br>joli   tôt   c'est super   bête<br>être séparé   la semaine | tard   intelligent   belle-mère<br>être ensemble   travailler   moche<br>le week-end   c'est l'horreur |

1. _____être au chômage_____ / _____travailler_____

2. _____ / _____

3. _____ / _____

4. _____ / _____

5. _____ / _____

6. _____ / _____

7. _____ / _____

8. _____ / _____

78|1 **1**   **Qu'est-ce qu'on dit?**

**a** Ordne die Sätze richtig zu.

Du sagst auf Französisch, dass du ...

| | | | |
|---|---|---|---|
| ... Musik machst. | **1** | **a** | J'aime le sport. |
| ... Sport magst. | **2** | **b** | Je n'aime pas le foot. |
| ... das Theater liebst. | **3** | **c** | Je fais de la musique. |
| ...Tennis vorziehst. | **4** | **d** | J'adore le théâtre. |
| ... Fußball nicht magst. | **5** | **e** | Je déteste l'athlétisme |
| ... Leichtathletik hasst. | **6** | **f** | Je préfère le tennis. |

**b** Du sprichst über deine/n Lieblingssänger/in und über deine Lieblingsband. Was sagst du?

Je suis _____ .

Mon groupe _____ , c'est _____ .

**c** Wie sagst du das Folgende auf Französisch? Ordne die Sätze zu.

Du fragst jemanden, was er/sie am

| | | | |
|---|---|---|---|
| Wochenende vorhat. | **1** | **a** | Je t'invite. |
| Du lädst jemanden ein. | **2** | **b** | C'est une super idée. |
| Du fragst, ob er/sie einverstanden ist. | **3** | **c** | Mes parents sont d'accord |
| Du sagst, dass das eine gute Idee ist. | **4** | **d** | On rentre à quelle heure? |
| Du sagst, dass deine Eltern einverstanden sind. | **5** | **e** | Tu es d'accord? / Ça marche? |
| Du fragst, wann ihr zurückkommt. | **6** | **f** | Qu'est-ce que tu fais ce week-end? |

78|2 **2**   **Wortschatz**

Schreibe die passenden Nomen neben die entsprechende Zahl. Schreibe männliche Nomen blau und weibliche Nomen rot.

la guitare   le tennis   le foot   le ski   la bédé   les percussions   la danse
le vélo   le théâtre   l'aviron

| | |
|---|---|
| 1. _____ | 6. _____ |
| 2. _____ | 7. _____ |
| 3. _____ | 8. _____ |
| 4. _____ | 9. _____ |
| 5. _____ | 10. _____ |

78|3 **3** **Die Verben**

Vervollständige die Verbformen.

| faire | vouloir | pouvoir |
|---|---|---|
| je __ __ __ s | je veu __ | je __ __ __ x |
| tu __ __ __ s | tu veu __ | tu __ __ __ x |
| il/elle/on __ __ __ t | il/elle/on veu __ | il/elle/on __ __ __ t |
| nous __ __ __ s __ __ __ | nous voul __ __ __ | nous __ __ __ __ ons |
| vous __ __ __ tes | vous voul __ __ | vous __ __ __ __ ez |
| ils/elles __ o __ t | ils/elles veul __ __ __ | ils/elles __ __ __ __ ent |

79|4 **4** **Das Verb *faire de* + bestimmter Artikel**

a **Ergänze die richtige Form von *de* + bestimmter Artikel.**

~~de~~ + ~~le~~ = _____      de + l' = _____

de + la = _____      ~~de~~ + ~~les~~ = _____

b **Verbinde *faire de* und das Nomen. Ergänze die Sätze.**

faire de +
la guitare    → faire ***de la   guitare***    → Je fais _____

faire de +
le tennis    → faire __ _____    → Max fait _____

faire de +
l'athlétisme   → faire _____ __ _____   → Inès fait _____

faire de +
les percussions  → _____ ____ _____   → Léa fait _____

79|5 **5** **Die Verneinung**

**Verneine die Sätze.**

1. Théo regarde la télé.        → Théo _____ regarde _____ la télé.

2. Anna aime le sport.        → Anna _____ aime _____ le sport.

3. Amandine et Eva aiment l'aviron.   → Amandine et Eva _____ aiment _____ l'aviron.

4. Ses parents sont d'accord.      → Ses parents _____ sont _____ d'accord.

5. Simon travaille beaucoup pour l'école. → Simon _____ travaille _____ beaucoup pour l'école.

6. Elles surfent beaucoup sur Internet.

→ Elles _____ .

7. Vous regardez le DVD avec Dany Boon?

→ Vous _____ ?

## ▶ 79|6  6  Die Frage mit *est-ce que*

**a** Stelle Fragen mit *est-ce que*.

1. Il fait de la musique.  → <u>Est-ce qu'il fait de la musique?</u> _____

2. Tim est d'accord.  → _____

3. Noah aime le sport.  → _____

4. Tu aimes le foot.  → _____

5. Elles font une balade.  → _____

**b** Stelle Fragen mit *Qu'est-ce que ...?*

1. Was machst du?  → <u>Qu'est-ce que tu fais?</u> _____

2. Was macht Clara?  → _____

3. Was macht ihr?  → _____

4. Was machen sie?  → _____

**c** *Est-ce que/qu'... ?* **oder** *Qu'est-ce que/qu'... ?* **Vervollständige und übersetze die Fragen ins Deutsche.**

1. _____ tu aimes?  _____

2. _____ tu aimes le sport?  _____

3. _____ tu fais ce week-end?  _____

4. _____ tu aimes le théâtre?  _____

## ▶ 79|7  7  Hören und Verstehen

**CD 45**

**a** Hör dir den 1. Abschnitt des Hörtextes an.

Wie heißen die beiden Gesprächspartner?: _____  _____

**b** Hör dir den 2. Abschnitt des Hörtextes an.

Wen ruft Cécile? _____

**c Hör dir den 3. Abschnitt des Hörtextes an.**

1. Wer spricht jetzt am Telefon?

_____

2. Fährt Philippe gerne Rad?

_____

3. Mit wem will Paul Radfahren gehen?

_____

4. Hat Philippe am Samstag Zeit?

_____

**d Hör dir den 4. Abschnitt des Hörtextes an.**

1. Wen fragt Philippe um Erlaubnis?

_____

2. Ist die Person einverstanden?

_____

3. Um wie viel Uhr werden sie von der Fahrradtour zurückkehren?

_____

4. Um wie viel Uhr holen sie Philippe ab?

_____